接纳
不完美的孩子

蒙谨◎著

贵州出版集团
贵州人民出版社

> 图书在版编目（CIP）数据
>
> 接纳不完美的孩子 / 蒙谨著 .—贵阳：贵州人民出版社，2013.3（2017.7 重印）
>
> ISBN 978-7-221-10752-7
>
> Ⅰ.①接… Ⅱ.①蒙… Ⅲ.①家庭教育 Ⅳ.① G78
>
> 中国版本图书馆 CIP 数据核字（2013）第 006988 号

接纳不完美的孩子
Jiena Bu Wanmei De Haizi

作者　蒙谨

责任编辑　张静芳

贵州人民出版社出版发行

贵阳市中华北路 289 号　邮编　550004

发行热线：010-59623775　010-59623767

三河市明华印务有限公司

2017 年 7 月第 1 版第 2 次印刷

开本　710mm×1020mm　1/16

字数　194 千字　印张　14.5

ISBN 978-7-221-10752-7

定价　26.00 元

版权所有·翻印必究　未经许可·不得转载
如发现图书印刷质量问题，请与本社联系。

序　言

成长就是让孩子的心灵变得强大

鲁迅曾经说过："谁塑造了孩子，谁就塑造了未来。"那么，究竟要塑造孩子的什么？孩子可塑性最大的又是什么？教育专家一致认为：主要是塑造孩子的心灵。

可以这样说，谁为孩子塑造了一个健康美好的心灵，谁就等于为孩子铺就了一条洒满阳光、开满鲜花的道路。然而，关注孩子的心灵成长，仍然是目前中国家庭教育中最大的盲区。

我们先回放几则新闻：

某留学生，在机场用刀捅伤母亲，原因只是母亲没有给他更多的钱；

某贫苦大学生，在一场牌局中不满同学的指责，用斧子砍杀七人；

某中学生，因为老师批评了一句，忍受不了，冲到窗口跳楼自杀；

某几个小学生，放学后集体未归，约定去某处自杀；

……

这样的新闻常常让人感叹：

没教好的孩子就是一颗炸弹！

他会随时炸响在你的老窝上空，让你的家庭瞬间"灰飞烟灭"！

可悲的是，一旦孩子出现问题，所有的矛头都会指向家长：含辛茹苦是溺爱，放手教育是疏忽，谆谆教导是唠叨，教导规则是约束……顷刻间，父母所有的努力都会化为乌有。

前车之鉴，后事之师，这让很多父母在教育孩子时，总是提心吊胆，惴惴不安，前进一步就要犹豫一下，然后后退两步。因为不知道到底怎么做才是对孩子最好的，怎么才能让孩子拥有健康强大的心理。

其实一些孩子出问题，与父母无关。孩子只是在环境的不断变化和更新中，无法正确认识自己，这才做出某种极端的行为。

当然，说与父母绝对无关也不对。如果父母能够在孩子小时候就帮助他发现生命的意义，能及早培育孩子的社会感情，那么孩子出问题的几率就会降低很多。

很多人对这个问题——对小孩子谈及生命的意义，以及培育孩子的社会感情，持怀疑态度。

实际上，任何人从出生就已经开始观察和感觉自己在人群中的地位以及作用了，当年纪很小的时候，孩子的观察会很片面，感觉也会出现偏差。

但这没有关系，因为随着年龄的增长，随着发生在孩子周围的事情越来越多，孩子的分析和判断能力都会增强，他会不断修正自己的那个地位和作用。

这个人群中的地位和作用，就是孩子生命的意义。有意思的是，孩子会根据成人对这个意义的诠释，去隐藏或者显露它，并成为某种固定的心理模式，着床在孩子的心灵上。

比如，如果小孩子发现撒谎对自己有利，但同时发现撒谎被成人称为坏行为，那么这个孩子就会一边撒谎，一边隐藏自己的撒谎行为。

很多时候，我们的父母只去关注孩子的撒谎这个行为，要么通过暴力让孩子记住教训，要么通过羞辱让孩子知道撒谎的坏处，但这通常治标不治本。因为从根本上说，孩子认为撒谎是有必要的，他如果不撒谎就会觉得不安全。如果父母不能解决他的安全问题，那么孩子就会一直撒谎。

父母强行对其纠正，只会使孩子产生消极的心理，认为自己是糟糕的，把生命的意义降格；或者认为自己是一个卑鄙的人、懦夫，这将更糟，会使孩子的心理扭曲更严重。

就生命本体来说，每个孩子都有一种自发的强大的力量，都有一个成为卓越人才的生理密码。也就是说，每个孩子都有心理强大的本能。

只是，现在的孩子，从小就接受了超广泛的科技信息，并受到来自学校和家庭以及社会的强大压力，就会感觉自己是渺小的，并由此而产生苦闷和难过。

加之，现在社会关于儿童心理方面的教学和疏导也极不到位，这就使得很多孩子从小就成了压力的奴隶，天长日久就会造成心理畸形和性格变态，产生很多社会问题。

再则，作为家长，我们的能力有限。我们无法改变孩子成长的环境，甚至无法不让孩子承受当下社会的压力，我们可能还会因为错误理解某种教育理念而对孩子重复施压。

这三个方面的原因，使孩子心理强大的本能被淹没，甚至使孩子成为父母的负担。

要想解决这个问题，还得我们做父母的付出努力。我们得多了解儿童心理学，多学习教育心理学，从深层了解孩子对自己生命意义的定义，帮助他把这个定义建造得积极有力一些。

这就是本书的写作缘起。在这个目标的指引下，著名教育作家蒙谨深度挖掘了几个教育心理学关键点，通过对生命整体意义的阐述，发现儿童时期心理形成的规律，帮助父母举一反三，通过这些关键点来塑造一个优秀的好孩子。

当我们能够透彻了解孩子的心理发展规律，能够明了环境给孩子的心理造成的冲击，能够巧妙地激发孩子心理强大的本能时，我们在教育孩子的时候就会事半功倍。

最后，祝天下父母与孩子同心！祝天下的孩子都有一颗强大的心！

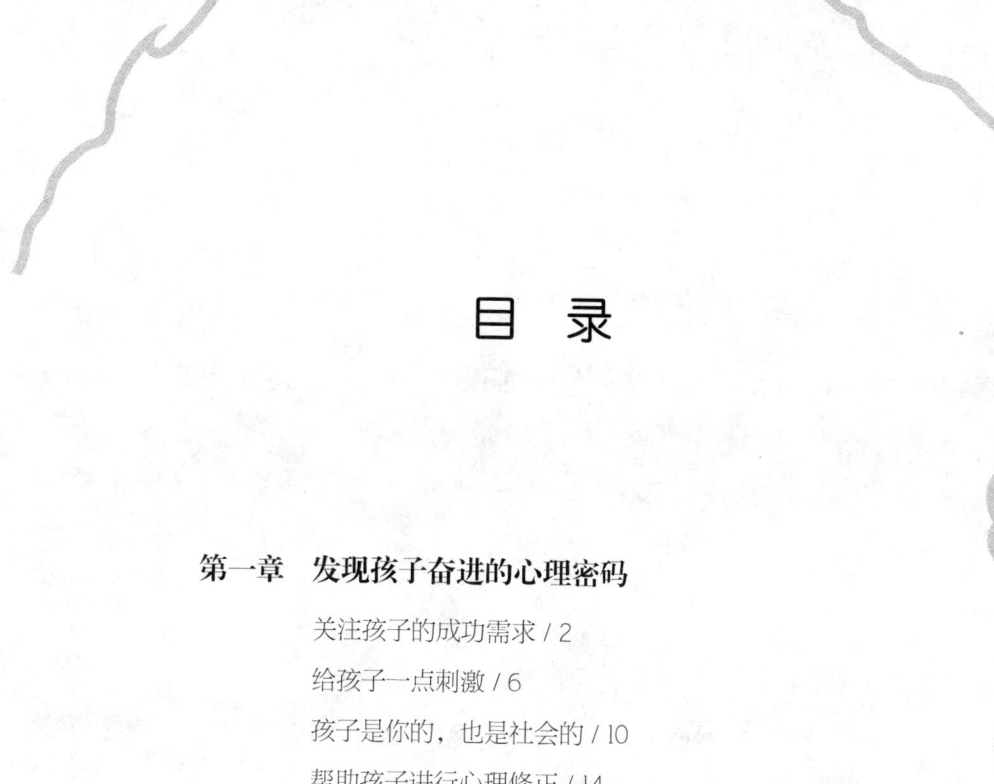

目 录

第一章 发现孩子奋进的心理密码
关注孩子的成功需求 / 2
给孩子一点刺激 / 6
孩子是你的，也是社会的 / 10
帮助孩子进行心理修正 / 14
让孩子拥有积极的生活态度 / 18

第二章 帮助孩子寻找活着的独特意义
孩子是自己的单数 / 24
尊重孩子的人生渴望 / 28
别干扰叛逆期的孩子 / 32
抓住孩子的敏感期做教育 / 36
请耐心观察、解读孩子 / 40

第三章　用欣赏的眼光看待孩子

请把孩子当孩子 / 46

请乐观看待孩子 / 50

别随意指使孩子做事 / 54

不要把孩子"含在嘴里" / 58

别无视孩子的存在 / 62

第四章　别让自己成为孩子的阴影

别拿自己的成功做孩子的标尺 / 68

不要用自己的优秀约束孩子 / 72

为孩子制定合理的目标 / 76

孩子未必会继承父母的优秀之处 / 80

直面孩子的"丢脸"行为 / 84

第五章　别用点滴行为拼凑孩子

不要片面看待和判断孩子 / 90

教训孩子时要就事论事 / 94

与孩子诚实坦率地交谈 / 98

引导孩子正确理解事物 / 102

关注孩子的细节变化 / 107

第六章　帮助孩子扫除精神恐惧

信念是孩子成长的支柱 / 112

帮助孩子去除内心的恐惧 / 116

宽容孩子的无心之错 / 120

让孩子尝一点成功的滋味 / 124

受伤的孩子需要心理按摩 / 128

第七章　为有弱点的孩子营造平衡感

正面看待身体有残疾的孩子 / 134

为孩子营造归属感 / 138

不要过于关注受伤的孩子 / 142

别让孩子心里充满仇恨 / 146

不要经常抱怨孩子 / 150

第八章　让压力成为孩子坚强的筹码

及时扼杀孩子自卑的优越感 / 156

孩子不能总以超越别人为目标 / 161

不要过度地夸赞孩子 / 165

读懂孩子的童年心理 / 169

不要过于苛刻地要求孩子 / 173

第九章　别让"刻苦"二字把学习弄苦了

学习不是死板地坐在书桌旁读书 / 178

做知识的产婆，让孩子自主学习 / 182

给孩子一片破坏的天空 / 187

不要赋予成绩太多含义 / 191

培养孩子的"优等生"心理 / 195

第十章　关注孩子的群体生活

维护良好的亲子关系极其重要 / 200

寻找不合群孩子的心理症结 / 204

让孩子自行解决交往中的问题 / 208

宽容有利于孩子的心理成长 / 212

帮助孩子自然地与异性交往 / 217

第一章　发现孩子奋进的心理密码

奥地利著名心理学家阿德勒曾经说过：追求卓越是人的本性。每个孩子都有一颗积极向上的心。差生和优生之间的差别不是能力，而是心理。如果你仔细去观察，就会发现差生的心理成长轨迹是这样的：遭受打击→自卑→自怨自艾→自暴自弃。在这个过程中，任何一个环节，只要他能接受一点肯定的信息，那么他就能突然爆发，重新找回自信，甚至能成长为优生。

关注孩子的成功需求

孩子有自己的成功需求，只是这种需求常常被大人忽略，取而代之的，是大人的成功需求。在大人需求的束缚下，孩子的潜力慢慢沉寂，并出现假死亡状态，这就是"差生"心理。

可以肯定地说，每个孩子都是带着使命来到世界上的。这就是孩子的生存意义，也是其赖以挖掘潜力的刺激源。可大人总自以为是地给孩子一个生活意义，让孩子按照自己的指导来学习和生存。就像"买椟还珠"，只要了孩子的壳，而没有留下孩子原有的强大内心。

我有一个同学，叫王善喜，属于滑稽好动派，回答问题时，常会忍不住爆出一些非常好玩的段子。

王善喜爸爸是学校教导处主任，他经常训斥王善喜，说他扰乱课堂秩序不对。王善喜起初老实（他自己解释是消沉）了一段时间，但打骂多了，他也就皮了。

一天自习课，王善喜正和前桌大声辩论，主任巡班，逮了个正着，他撸起袖子就要教训王善喜。

王善喜马上跳起来，说："联合国有令，不得打骂儿童。否则，你会遭到弹劾。"一边说，一边借着同学和课桌的掩护跑开。

主任气得直翻白眼，他大步流星地赶过来追打王善喜。这时校长进来了，他进门就说："联合国来电话了，谁能来接一下？"

王善喜马上举起手，说："我，我。只有我跟他们熟。我从小就觉得我是一个幽默的大人物。"

于是校长就把王善喜带走了，主任也只好跟着出去了。

大约十几分钟后，王善喜欢蹦乱跳地回来了，他说："你们都别理我啊，我现在要起草一份文件，等到活动日的时候，你们就会看到我大显身手了。"

几日后的全校活动日上，王善喜上台表演了一段自创的单口相声，掌声连绵不绝。今天，我已经想不起活动日上的节目，也想不起相声的内容，但那掌声却声声在耳。

现在，王善喜是一位优秀的外交官，他总是能用幽默化解一些尴尬的时局问题。

孩子有自己的成长需求，与这个成长需求对应的，是孩子的自我控制和自我挖掘。如果父母遏制孩子的成长需求，那么也就等于遏制了孩子的自我控制和自我挖掘能力的发展。

我刚当班主任那会儿，班上有一个女孩子叫齐小新，特喜欢穿衣打扮，她妈妈为此没少费口舌。

小新穿的衣服虽然不算是奇装异服，但是她总是会做点文章，以使自己与众不同。比如，她会故意在衣领上别个小花，或者在外面套一件说不上是马甲还是短裙的东西。

同学们对于齐小新的这种做法也是议论纷纷，有的说她有创意，有的说她是臭显摆，甚至有的说她是青春期要来的招摇。这样的议论听多了，我就坐不住了。

我从农村出来，很崇尚简朴，不喜欢齐小新这样迷恋打扮，因此，就和她妈妈来了一个家校互动，一起给齐小新上课，企图让她把精力放在学习上。

齐小新的妈妈常常跟她念这个经，她不以为然，但是当她第一次受到我的批评时，显得很惊讶。她说："老师，我不觉得我有什么错误。"说完扭头就走了，弄得我特别尴尬。

但小新的这句话给了我一个警示，我开始反思：小新的这种做法到底有什么错误呢？我不能对她进行正面指导吗？

后来，我有意识地让小新为班级做黑板报，还让她在艺术节中为同学们设计服装，小新很喜欢，工作热情高涨。不仅如此，小新花在学习上的时间也越来越多，学习时也特别专注。

去年夏天，小新给我来信说，她有一个到香港服装设计学院去学习的机会，但她更想到传媒大学去深造。

孩子的成功需求一旦得到父母的尊重，他的学习热情就会高涨，而这会带动他学习相关的其他专业，即使他的成功需求有偏颇，也不会影响他成才。

自从我母亲离世，我就变成了一个闷葫芦，不吃不喝。我父亲说，有一段时间，我显得特别呆，就是瞪着两个大眼睛看前方，也不知道在想什么。

父亲很担心我，经常抱着我到各家去串门，让他们逗我说话，喂我吃饭。但他越这样，我就退缩得越厉害。父亲唉声叹气，不知所措。很多邻居也说，这个孩子恐怕要废了。

我不知道这样持续了多久，反正后来，父亲把我送进了医院。有一位老中医特别和善，他没给我吃药，就和我聊天，他问我："你想你妈妈吗？"

我点头。

"你知道你妈妈在哪里吗？"

我摇头。

"你妈妈在二十年后等你呢。你得吃饭、长大，才能看到她。"

大概就是这样特别简单的对话，但对我特管用。自那以后，我开始吃饭，开始努力地渴望长大，甚至努力地学习，因为我特别想见我的妈妈。

即使孩子有负面的"成功"需求，父母也可以利用孩子的这种欲望，做正面指导，让孩子看到光明和希望。

蒙老师心语

孩子的成长有自己的一套刺激机制，他的眼睛在看，他的耳朵在听，他的大脑在运转，他的欲望在产生。父母要做的，就是捕捉他的正向欲望，宽容他的偏离欲望，指导他的负向欲望，让孩子永远有一颗积极向上的进取心。

给孩子一点刺激

让孩子产生自卑感,这是教育的大忌。但这话也需要辩证地理解。如果孩子过于骄傲,或者已经没有什么野心,就需要给孩子一点刺激,让他能够奋起。

心理学上有一个奋起效应,就是当人受到挫折后,不但不气馁,反而会激发出斗志,想要去改变现状。如果我们想让孩子的心理变得强大,也可以适当给孩子一点刺激。

小语小时候喜欢阅读,擅长写作文。她七岁的时候,我妹妹的儿子优优出生。当天,小语就给优优写了一首诗,其中有一句是:"你妈妈是你的英雄,你是你妈妈的骄傲。"

我妹妹看后很高兴,在给优优做水晶脚印时,特意把这句话也印在了水晶上,留下了永久的纪念。

自此,小语的文采就被大肆传播开来。那段时间,来我家串门的亲戚都会对小语说:"这不是未来的大作家吗?"

我一直留意,但并没有看出小语的骄傲情绪,很为小语有这么好的心理素质高兴。

一天，小语拿着田字格本对我说："妈妈，你看上面这几篇文章哪篇好？"

我看了一下，田字格本的封面上写了几个人的名字，小语跟我解释说，这是她组织的作文学习小组成员名单。

为了鼓励小语这种自学热情，我很认真地翻阅了那个本子，上面大约有七篇文章，作者都是化名，有的叫蓝莓，有的叫紫水晶，有的叫水蜜桃，很有点意思。

内文里，水蜜桃的文章写得最好，也最多，文字很灵动，而蓝莓的字迹最潦草，虽然很长，但人物介绍混乱，我只是大略看了一眼。

在评价的时候，我把自己的意见说了，小语立刻撅起嘴来，问道："蓝莓的文章不好吗？"

我一下明白了，蓝莓的文章可能是她的。我又认真看了一下，然后说："文章不能算不好，但其中的一处人物介绍出现了差错，而且字迹太草，致使阅读困难，给我的第一感觉不好。"

小语忽然就哭了，说："你知道我是用十分钟写出来的吗？多不容易啊！"

我等小语哭完了，说："你是让我做评判人的，可没说让我夸奖你。你做得不好，得能让我批评才行。"

"她们都用了好长时间才写完。"小语又争辩道。

"我只看文章，文章里并没有显示出谁写文章用了多长时间。"

"那我也用三天写一篇好文章，你看看。"

"好，我等着。"

孩子也会产生比较之心，拿自己和别人比，他当然希望自己胜出。父母要肯定他的这一做法，但同时要给孩子一个公平的平台，让孩子认识到自己的短处与长处。

"肥猫"是我一个小学同学的绰号，因为他太胖，而且特别贪吃。体育课几乎是"肥猫"的灾难课，从跑步进入操场开始，"肥猫"的喘息声就拉开了序幕。

我们班级的体育成绩因为"肥猫"被拉下来很多：跑步，他不及格；跳远，他不及格；跳绳，他不及格。反正考什么，他什么不及格。

每次测试，体育老师一看到"肥猫"上场，就会放下记录本，长叹一声："'肥猫'时刻来临了。"同学们就会哈哈大笑。

"肥猫"也很难过。但我们小的时候，农村根本就没有"减肥"这一说，肥胖就是富贵的象征。

有一年冬天，"肥猫"的奶奶领着"肥猫"去串亲戚。走到离家一里地远的郊外时，奶奶一不小心，踩到了一块"贼冰"（上面被土盖着的冰），摔倒在地。

"肥猫"连忙扶奶奶，但是他虽然那么胖，力气却很小。因为是冬天，又是郊外，路上没有人。奶奶躺在地上，对他说："快，赶紧回家去找你爸爸。"

"肥猫"马上就往回跑，可是跑了一会儿，他就喘不过气来，只好坐在地上休息，等休息好之后再跑。等"肥猫"把爸爸找来时，奶奶已经快冻僵了。

"肥猫"的奶奶住院了，花了很多钱。我记得我和妈妈去看望"肥猫"的奶奶时，她忍不住抱怨说："要是'肥猫'不肥就好了。"

我当时就看到"肥猫"一副特别羞惭的样子，低着头。

又过了一段时间，我发现"肥猫"不那么肥了，跑步也比原来快多了。

结合孩子的善心、良心，还有其他的正向之心，对孩子进行小小的刺激，能让孩子自觉改正错误、毛病。

陶京特别喜欢踢足球，小松和小语小的时候只要找不到他，就说："爸爸一定又去哪里踢足球了。"

随着年龄增长，陶京的体力开始下降了，他再去一些学校足球场，就会被人淘汰出局。那段时间，陶京非常落寞，简直像世界末日来临一样。

但后来，他想出了一个继续踢足球的办法，那就是叫上小松，和小松一起踢。小松虽然小，不能给陶京带来竞争运动的快乐，但是通过教小松一些技巧，陶京还是能自得其乐的。

但小松并不是随时恭候、随叫随到，他有很多不踢足球的理由。陶京很有办法，他骄傲地说："你是怕败给我，也是，毕竟你技术不过关……"

事情的结果当然是，陶京话还没有说完，小松已经抱着足球等着和他较量了。

激将法是最常见的刺激方法，很多父母都会使用。但在使用的过程中一定要注意：不要说特别伤孩子自尊的话，不要频繁使用。

蒙老师心语

给孩子泼冷水是有风险的，一句话说不好，就可能让孩子一蹶不振，所以，作为父母一定要谨慎使用。在使用时，一定要全面考虑均衡孩子的内心感受力和承受能力，即孩子是否有做某事的欲望。如果孩子根本就对某事没有兴趣，那么即使使用此法，也不会有效，只会伤害孩子。

孩子是你的，也是社会的

当下的孩子都是独生子，被父母当成宝贝一样疼着、供着，为了保护孩子，父母会在很大程度上挡在孩子社会化进程的路上，使孩子变得孤独、自私。

教了几年书后，我发现了一个问题，很多孩子都处于与社会隔绝的状态，他们心中只有被宠的意识，根本就没有付出和奉献的想法。

我能有这个认识，源于我班上一个叫王文远的男孩的提醒。

某个早自习，我给学生读一篇小文章。文章说，跳蚤本来跳得很高，但有人在它的头顶上加了一个玻璃罩，跳蚤跳起时，撞到玻璃罩上，之后，它就不敢再跳高了。即使撤掉玻璃罩，它也不再有跳高的能力了。

我刚读完，王文远就大声说："我就是那只跳蚤。"同学们听到这话都哈哈大笑。我也笑了，问他为什么这么说。

"你们知道吗？我以前有预测能力，我能测出未来三天的天气情况。可是我的这一超能力，被我妈妈给扼杀了。"

有同学立刻斥责王文远胡说八道，语文课代表文雅还举出例证，说有一次，王文远给大家预测天气，说第二天风和日丽，结果不但不是风和日丽，反而是飞沙走石。

我看到王文远和几个同学争得面红耳赤，想知道他心里到底在想什么，就问："为什么你认为你有预测能力？想一想再说。"

王文远想了一会儿，然后说："其实是有一天，我表姑到我家唠嗑，走的时候跟妈妈说她明天要出门，也不知道天气怎么样。我就说明天有雨，不要出门。结果第二天真的下雨了。"

"你为什么说第二天有雨呢？想一想再说。"

"嗯——哦，可能是奶奶告诉我她腿开始疼了，我想，肯定就是要变天了。但是我舅舅有一次去外地收粮食，他问我天气怎么样，我说一定晴好，结果真的是晴天。"

"那你又是凭什么做这个判断的呢？是不是你奶奶腿没有疼？"文雅问道。

"当然不是，我就是很希望舅舅一帆风顺。可是我妈却说我胡说，所以，我家来人，她都不让我说话，闹得我现在才这么笨。"

"你是说因为你不说话，你才没了预测能力？"文雅的话非常犀利。

同学们又是一阵大笑。

"你别说，我有时候闻人们衣服的气味，就能判断出阴晴；有时候，我也会根据人的病情判断天气，反正每个人肯定都能给我提供点信息。"王文远说。

"这可不是预测，而是分析判断。你很聪明，也很细心，你能通过观察细枝末节，来寻找证据，很好，值得表扬。"我马上赞扬道。

孩子接触的人越多，他能学到的东西也越多，能激发起他好奇心的事情也越多。如果我们能给孩子提供一个宽松的社会环境，那么孩子肯定可以早日独立，早日成才，早日强大。

小语刚上初一的时候，有一天没有通知我和陶京就晚归。我等她等得花儿都快谢了，正准备报警时，她斜挎着书包，肩搭着上衣，披头散发就进来了，我大惊失色。

我几乎是扑过去的，一把抓住她的手腕，连声问："你上哪儿去了？伤着没有？怎么不给我打个电话？有没有同班同学跟你在一块儿……"

小语顺势一把搂住了我，拍拍我的肩膀，放声长嚎："It's getting better all the time……"

我气坏了，问她去哪里了，她摇着头唱了一会儿，才说："嗨，我去跟同学听摇滚乐了。"

和小语纠缠了半天，我才明白，原来，小语是参加了学校的一个志愿者捐款组，跟着一对社会摇滚青年去募集捐款了。

"老妈，首先，我为让你们担心赔不是，我错了。"小语看了我一眼，摇着我的手腕安慰，就在我感觉心里很受用时，她忽然声音一扬，"其次，你得为我高兴，因为今天我发现我的过去都被荒废了，从今天开始，我要做一个有志青年，奋发图强！"

小语说收获很大，但我还是胆战心惊，不愿意小语再参加这样的活动。陶京很生气，说："你还天天做教育呢，怎么就这么喜欢束缚孩子呢？我看挺好。"

我无语。

直到现在，小语依然痴迷摇滚。

并不是所有社会的、潮流的，都是孩子不能接触的。孩子需要在社会潮流中找到自己的喜好，在人群中找到一个向上的榜样，找到一个甘心奉献的机会，以及成就感。

我曾经为一个少年犯做过心理咨询。他是因为不停偷窃而进少管所的。

他特别沉默，自从进少管所后就没有说过一句话，不愿意和任何人接触。我和他沟通了好多次，他都极为消极。

在了解他的家庭情况时，我发现，这个孩子的父母工作特别忙，他从小就被关在家里。为了防止他搞破坏，他的父母甚至会用锁头锁住他的脚。

后来有一次，我又和他聊天，我问他："你并不是想偷东西，你只想看看别人的家庭是什么样的，是吗？"

他还是没有说话，但却抬头看了我一眼。就是这一眼，我知道，我找到打开他心灵的钥匙了。

如果我们总把孩子束缚在一个狭小的空间里，便于自己控制，那么就可能会让孩子产生心理畸形。就像一个强有力的幼芽，在出土时受到石块的阻碍，那么它变了形也要出来。

蒙老师心语

任何一个人的生命意义都必须要在社会中体现出来，如果孩子从小被父母与社会隔绝，那么他的全部生命意义必然是消极的，是自私的，是扭曲的。当然，在孩子与社会接触的过程中，父母一定要做好导师的工作，引导孩子接受正面信息，减弱负面信息对他的冲击。

帮助孩子进行心理修正

生活是一个大染缸，它可能会给孩子灿烂的颜色，也可能只给孩子黑暗的压抑。一旦孩子的心灵在生活中受到排挤，那么父母就得及时帮助孩子进行心理修正。

孩子的心毕竟是稚嫩的，当他接收到一个积极的信号时，他会信心满满，勇敢挑战；当他接收到一个消极的信号时，他会沮丧无力，甚至不敢正视自己。我们都知道，任何信号都不是单独存在的，必须进行综合分析，用辩证的态度对待。

佐鸣是我的一个高中同学，属于官二代、富二代，典型的公子哥做派，在学校里眼高于顶。我记得我们高中毕业十周年时，大家聚会，谈到他时，还说他是典型的"道明寺"。

佐鸣的学习成绩并不是特别突出，但他很聪明，反应快，就是不愿意做出一副刻苦努力的样子，他说那样太逊、太掉价，他的身份是不容许他那样的。

尽管如此，老师们仍然都很喜欢他，同学们和他的关系也都不错。

因为他没有什么坏心眼，谁有困难都帮上一把。当然，谁和他有矛盾，也要当场算好大一笔账。

佐鸣说，这才是他的人生价值。

大约在高三上半年的时候，佐鸣屡屡旷课，等他再回到校园时，他整个人都变了，变得特别谦逊，特别努力，他还在桌子上贴了一个座右铭：我就是自救的超人。

有消息灵通的人很快就告诉大家，佐鸣的父亲出车祸死了，而且死前还留下一笔债务，尽管不至于把他变成穷人，但却再也不能让他过原来的生活了。

同学们都很单纯，很少有人因为佐鸣家里的这场变故而改变对他的态度，但他那段时间却极为怪异，一会儿亢奋，满是激情；一会儿沮丧，满面愁容。

不久，佐鸣还谈了一场轰轰烈烈的恋爱，甚至差点和那个女生私奔。但这段爱情持续的时间特别短，很快就成为过去式，佐鸣一下子变得特别沉静。

当孩子遇到变故时，父母要给予孩子安慰，否则，他就会用其他的形式来安慰心灵，躲避这场变故，有可能变成一个懦弱的人。

小语上小学的时候，作文写得特别好，她的遣词造句有些超过了同龄孩子的学识。

那天，小语写了一篇《我最尊敬的人》，她写了这样一段话：

"你的身姿，是一座矗立的品性的高山；你的眼神，是一种纯粹善良的信仰；你的语言，是一种催醒沉睡灵魂的天籁。我爱你，你是我最尊敬的人。"

其实从严格意义上来说，她的修辞还是有一点点问题的，不过这种句式让人耳目一新，尤其是她的同学。

当老师把小语的这篇作文当成范文,在课堂上念完后,有一个学生忽然大声喊:"老师,她是抄袭的!我在网上看过这篇文章!"

小语哪里受过这种冤枉,听完之后就哭了,一边哭一边反驳:"这是我写的,这是我写的,这是我写的。"

尽管老师批评了那个学生,表示确信小语是能写出这样的文字来的,但小语还是感觉很沮丧。

回家之后,小语哭着告诉了我这件事,还一再让我上网帮她查查这篇文章。我告诉她:"你知道吗?尽管世界上有十几亿人懂汉语,可还没有人能写出这样漂亮的句子。"

小语一听,眼睛就亮了。

当孩子在外面被人误解,而使得他自己都不敢相信自己的时候,父母一定要给孩子吃一颗定心丸,让孩子重新树立起信心。

我有一个学生,从小就患有"羊角风",动辄就不省人事。她的父母到处为她求医问药,到她上小学的时候,偶尔还会犯病。

一天,我经过走廊,听有人喊"小疯子",我朝班里望去,就看到所有人都在看着她,她一下子趴在桌子上哭了起来。

我马上进教室批评那个喊她"小疯子"的学生,那个学生狡辩说:"她本来就抽风,不是疯子是什么?"

正说着,忽然就听一个学生喊:"老师不好了,她又抽风了!"

我回头去看,她躺在了地上,眼睛往上翻着,身体不停地抽搐。我吓坏了,赶紧过去把她抱起来,让其他学生去喊校医,找她的妈妈。

校医还没有来,她就已经好了。她看见我抱着她,挣扎着要起来,我说:"没事,老师先抱你一会儿。"

正在这时,她的妈妈来了。她一进教室就大喊:"哎呀,你怎么又犯病了?!"

我赶忙给她使眼色，制止她，说："没有没有，我们正在玩拥抱游戏。她好乖哦，也很聪明。"

她妈妈会意，马上说："哦，是啊，她平时就特聪明。"

那个喊她"小疯子"的学生，大概意识到了自己的错误，也在旁边说："她是我们班最聪明的。"

这时候，我感觉她躺在我怀里的身体，变得很柔软，不再那么僵硬了。

当孩子因为某些缺陷而被人耻笑时，父母一定要给予孩子力量，让他相信自己是好的，并能战胜一切困难。

蒙老师心语

每天，孩子都会接受不同程度的考验，不光是学习方面，还有生活方面、品性方面的。越单纯的孩子，越容易被生活阴影左右。父母的任务，就是要把孩子从阴影里拉出来，让他看到生活的美，让他看到自己的力量，并永远相信自己。

让孩子拥有积极的生活态度

美国潜能成功学家罗宾曾经说过:"面对人生所持的态度,远比任何事都来得重要。"没错,对正在成长的孩子来说,让他拥有一种正确积极的生活态度,远比任何事情都要重要。

儿童的心灵,是一颗潜力无穷的种子,它力大,可以撬动巨石;它维深,可以变幻出无数种样貌。父母就是孩子心灵的使者,如果能早早让孩子树立正确积极的生活态度,那么就能早早地挖掘孩子的超级潜能。

我的学生韦意因为父母离异,变得特别敏感,也特别沮丧,特别自卑,还喜欢怨天尤人。他曾经在一篇作文中这样写道:"阳光啊,你不用照着我,反正以前你也没有照着我。"

韦意的母亲经常和我交流,我告诫她:"爱他,但不要过于宠着他,否则,他的抱怨会更多。"

在学校,我没有特别关注韦意,因为我不想让他成为特殊的人。他做得好,我会不失时机地夸赞他;他做得不对,我也毫不留情面。

有一天,他做值日擦黑板时,不小心把我放在桌子上的水碰洒了,水浸湿了我的教案，他一下子惊慌失措。见我手忙脚乱地收拾东西，他忽然懊恼地说："反正都是我的错。"说着，就回到座位，低着头，似乎在生闷气。

我对他说："韦意，老师现在可是需要一个男子汉的帮助哦，你能不能帮我把教案拿到阳光下，晒一晒？"

韦意马上抬头看着我，满脸疑惑，我又重复了一遍。他几乎是从座位上跳起来的，跑着就过来了，然后认真地捧着教案，站在教室前面的一缕阳光下。

他就那样定定地站着，阳光洒在他的脸上，我对同学们说："你们看韦意像不像一个英俊的阳光少年啊？"

同学们哈哈大笑，有的喊"像"，有的喊"不像"，韦意听着这些嘈杂的声音，一直笑着。

不要让孩子形成抱怨的心态，否则，他在遇到困难的时候，会放弃对自身潜力的挖掘，转而用更轻松的方法——抱怨来对待问题。

陶京上小学的时候，非常淘气，属于老师讨厌的学生。大概老师总是以一种教训人的态度出现，陶京的对立情绪就特别高。作为对抗的代价，他经常接受老师的"脸部按摩操"。

说是"脸部按摩操"，实际上是老师发明的一种手部武功，不暴力的暴力。

一个特别偶然的机会，陶京在路上遇到了喜欢做"按摩操"的老师，他脱口而出："按摩老师，您好。"

当时那个老师正和自己的儿子走在一起，她的儿子很惊讶，问："什么按摩老师？妈，你还给学生按摩啊？你对学生也太好了吧？"

那个老师很尴尬，瞪了陶京一眼，没有说话。

陶京心里很鄙视这对母子，但表面上不动声色。

回家后，陶京就对妈妈说了这事，他有些愤慨，说："我在想，如果她的儿子也被人做这种'脸部按摩操'，她心里会怎么想。"

"我的儿子被做了'脸部按摩操'？来，让妈妈看看你的脸。"陶京的妈妈说着捧起陶京的脸，仔细看着，"哦，你还别说，这脸是比原来俊俏多了。"

陶京毕竟小，一听妈妈这样说，很是惊讶，马上就去找镜子照。

妈妈在他身后说："我给你准备的，可不是'按摩操'，是鸡毛掸子！我呢，虽没打过你，可你惹祸的时候，我是真想痛痛快快拿起鸡毛掸子揍你一顿。"

"妈疼我，不打我。"

"老师要是不疼你，也不会给你'按摩'了。"

"哼，才不是呢。"

"好，不是也行。妈教给你一个特别好的方法，让老师真的疼你。"

"啥方法？"陶京显得很兴奋，马上凑到妈妈面前。

"你心里永远别认为老师对你不好。你要告诉自己，老师对自己特别好，特别照顾。"

"那不是事实。"

"是事实。你相信妈，妈不会骗你。"

陶京后来跟我说，他按照妈妈的这个方法去想，发现老师其实特别可爱、可敬。

当孩子因为得不到某人的关爱而失望，并产生对抗心理时，父母要给孩子一种积极的心理暗示。当孩子能乐观看待别人对自己的态度时，那么他就能获得别人的青睐。

我上三年级的时候，有三个实习老师教我，我特别喜欢她们。大概一个月（这个时间我不确定了）之后，她们的实习时间结束了，向我们

告别。我当时特别不能接受这个事实。

之后,每天早晨起来,我都为见不到她们而默默地哭一阵子。晚上回家,我也会因为没有和她们共度一天而哭一阵子。

接下来,大概是农忙假期,我做不了多少农活,就在家里帮爸爸做饭。但是爸爸每天吃饭的时候,都会说:"今天的饭怎么有点苦呢?"

我心里很忐忑,因为我在家无事的时候,一直在哭:看着三个老师的照片哭,做饭的时候,自然也在哭。

爸爸说:"可能是我的舌头有问题了,我的女儿做出来的饭应该是甜的,对不对?"

后来,我就不敢哭了,我把老师的照片藏起来,强迫自己做点其他事情。

悲愁会有连锁反应,所以,不要让孩子形成悲愁的心理,毕竟对于少年儿童来说,生活该是充满阳光的。

蒙老师心语

积极正确的生活态度,是一种有效的心理工具,它能够挽回错误、完善缺陷,还能够令人重燃信心,让消极的影响,也具有积极的意义。如果你想让孩子拥有强大的内心,那么就要培养他积极的生活态度,永远正面看待问题,永远阳光看待事件发展。

第二章　帮助孩子寻找活着的独特意义

　　孩子在很小的时候，就已经开始为寻找自己活着的独特意义而努力了，比如，他看到自己能让别人笑，他会很开心，认为自己是受欢迎的，是有用的。这会使他能够修正自己，也更愿意付出努力，做更好的自己。如果他看不到自己活着的独特意义，那么他就会任凭生活拖着自己走，而不知道去改善。所以，父母一定要帮助孩子寻找他活着的独特意义。

孩子是自己的单数

任何一个孩子都有他独立的生命意义,他的所有观点、态度、行为等都会沿着这个意义进行。如果父母把自己的生命意义强加给孩子,那么孩子就会思维混乱,无法认识自我。

父母总认为孩子是陶土,自己是陶匠,孩子成为什么样,得看我们做父母的功力。我们把他们捏成什么,他们就会成为什么。从某种意义上来说,父母的作用的确很大,但这并不意味着父母可以侵犯孩子的思想领地,可以压制孩子,让孩子永远听自己的话。

小语十岁左右的时候,我带着她去一家玩具店,准备给她买一件礼物。在那里,我们碰到了小语的一个同学。两个孩子围着玩具店的柜台转,指指点点地评论着那些漂亮的玩具。

小语的同学看见一个玩具熊,觉得很好,就让她的妈妈给她买。小语见此,马上也说要买。当时,我对给孩子买这种玩具很不以为然,我以为那种益智玩具才更有意义。

于是,我说:"咱们先看看别的玩具吧,你看那个钓鱼玩具不是挺好吗?"

小语马上就恼了,说:"是给你买玩具,还是给我买玩具?"

她的声音特别大,引得她的同学和同学的妈妈都看我们。我觉得特别下不来台,就说:"你知道什么?那个钓鱼玩具更适合你。"

"是你玩,还是我玩?"小语不甘示弱。

我严肃起来,眼睛紧紧地盯着她,希望她能够意识到我生气了。

但这对小语根本就不起震慑作用,她反而也瞪着我说:"天天说教育,你懂什么是教育?这是给我选礼物,不应该是让我满意才对吗?你喜欢钓鱼,不代表我喜欢。别拿你那套理论来套我,否则,我就变成白痴让你看看。"

我尴尬极了,简直想抽她一巴掌。我连忙走到另一条通道上,让自己平静下来。谁知就这一刹那的工夫,小语就用自己的零用钱买了玩具。

买完之后,小语看我的脸色不对,就说:"妈,你天天说,我自己的人生我做主。为啥我连个玩具的主都做不了呢?"

回家的路上,我一直没有说话,我不是生小语的气,我是在想自己:为什么我每做一件事情,总是想着让它对小语更有意义呢?

对孩子来说,快乐地玩就是最大的意义。别担心,孩子的玩,不只是玩,还是一种自我成长。就像玩具熊,它能让孩子拥抱自己,能在大人无法安慰孩子的时候给孩子力量。

我特别希望小松和小语能够学会时间管理,就经常在他们耳边叨叨,比如,每天晚上把第二天要做的事情都想好,该准备好的作业和书本都装好,避免第二天临时乱抓。

小语的时间管理很合我的意,小松就差了。小松特喜欢玩,做作业的时候也会玩。每次,小语都准备睡觉了,小松的作业还没有做完,而他的作业量比小语少得多。

为此，我给小松规定：第一，放学回家，马上做作业；第二，每道题规定完成时间，超时要惩罚；第三，做作业时，隔三十分钟后才能休息，否则要惩罚。

这一办法对小松果然有效，特别是第二条，它使得小松做作业中间没时间玩了。

可是这样实行了大概一个月，小松就不干了，回家也不做作业，即使拿起作业，也是东张西望，拿这个玩玩，拿那个瞅瞅。

我要惩罚小松，小松就抗议道："不行，我学习了一天，你就不能让我玩会儿吗？你就不怕我成为机器人啊？"

我说得多，小松的抗议就多，那套时间管理规定对他的约束越来越差。我很沮丧，几乎要停掉这套办法。

可后来我发现，这个方法其实有个漏洞，那就是放学后就做作业。这对孩子来说不公平，刚放学时，他的精神处于放松的状态，根本就不想绷紧。

于是，我把第一条改成：放学后，随意玩三十分钟，然后开始做作业。这样做以后，小松果然不再反抗了。

孩子反抗父母的话总会有原因的，父母要做的，不是强行让孩子实行自己的政策，而是根据孩子的需求，改变自己的策略，让自己的教育策略更适合孩子。

奶奶特别讨厌小语的同学姗姗。原来，姗姗有一次在早市上和奶奶过过招，从奶奶手里高价抢走了一个小玩具。

尽管后来，姗姗认识奶奶后，向小语说明那是买给自己生病的弟弟的，希望奶奶不要见怪，但是奶奶就是无法喜欢姗姗，她总说姗姗心眼太多，怕小语吃亏。

每次姗姗来的时候，奶奶都不热情；她走后，奶奶还不断跟小语唠叨:"你个傻姑娘哎,你就不听老人言吧。这个姗姗心眼忒多,早晚有一天,她会把你慢慢吃了。"

奶奶一说这话,小语就特别来气,说奶奶啥都不懂,就知道添乱。

奶奶本来一肚子火,一听小语这么说,就更生气,找陶京评理:"你说这个丫头咋这么不听我的话呢?难道我会害她吗?我是她亲奶奶啊!"

陶京笑了,说:"哎,妈,您甭理她,她自己撞在钉子上,就知道了。"

孩子喜欢自己做主,即使是忠言,他也会觉得逆耳而选择不听。这时父母不要急着给孩子讲道理,让孩子听从自己,而要给他一个缓冲的时间,让他慢慢认识自己的错误。

蒙老师心语

孩子有自己的人生轨迹,尽管他童年、少年时期的成长轨迹可能会和父母重合,但这种重合只是一种腾飞前的准备,父母千万不要力图让孩子的生命轨迹永远和自己重合,否则,你就无法让孩子获得起飞的能力,无法让孩子飞得更好。

尊重孩子的人生渴望

父母可以期望孩子成才，但不要把自己幻想中的人生角色强加给孩子。因为孩子已经开始感悟生活，开始触摸自己，他有自己的人生渴望，有属于自己的价值体现方式。

父母总是会根据自己的人生经验，认定做什么更成功、更幸福，于是就会把这个概念强加给孩子。也有些父母，因为自己的人生志愿没有完成，就将希望寄托在孩子身上，希望孩子替自己完成。不管是哪种，对孩子来说都不公平。其实关于孩子的人生，我们应该听听孩子的心声。

我的同学萨仁花的爸爸吉日嘎拉是艺术馆的艺人。尽管萨仁花的父母很早就离婚了，但是她的妈妈还是希望萨仁花能像她爸爸那样有才华。

萨仁花高中毕业以后，没有考上大学，她曾经去找过爸爸吉日嘎拉，希望能跟着他学习马头琴。吉日嘎拉很久不见女儿，特别高兴，他表示愿意教萨仁花学习马头琴。

但是，在说这话的时候，吉日嘎拉有些犹豫。萨仁花极为敏感，吉日嘎拉已经另外组建了家庭，她不希望自己成为爸爸的累赘。她见爸爸犹豫不决，马上就要走。

吉日嘎拉很难过，连忙拉住萨仁花说："不是，不是，你听爸爸说，爸爸只是不确定你是不是真的喜欢马头琴。很多来艺术馆学习的孩子，都是被父母逼着来的，他们根本就不愿意学。"

萨仁花沉默了，其实，她对马头琴没有什么概念，她常年和牧民妈妈生活在一起，耳里眼里都是牛羊的声音，她根本就不知道自己想要什么。

吉日嘎拉说："我的儿子，你的弟弟，他就没有学习马头琴，他说不喜欢。一开始，我特别接受不了，两个人别扭了好长时间，但是后来我发现，他喜欢小提琴，居然偷偷跟艺术馆的一个师傅学了小提琴。人各有志，我也就不再逼他了。"

萨仁花喃喃地说："我学小提琴的条件也没有。"

"不是，爸爸不是这个意思。要不，你先跟爸爸学一段时间，要是喜欢，就继续学；要是不喜欢，就复读，再参加一次高考，到外面的世界看看，看看你到底喜欢什么。"

后来，萨仁花没有学马头琴，她参加了高考，还考到了厦门。

很多父母都希望孩子继承自己的事业，的确，如果父母在某方面有建树，那么孩子在这方面的学习会轻松一些。但如果孩子就是无法喜欢父母的事业，那么一定不要逼迫孩子。

小语特别爱臭美。你看吧，就是一堆螺丝，她也能把它们串起来，装饰在头上，或做成项链。

每当此时，陶京就会哈哈大笑着说："哎呀，我姑娘真是时装设计师的料，你看，她多有创意。"

这样的夸赞，更助长了小语的爱美之心。周末做完作业，她就开始时装表演。

她把她所有的衣服都拿出来，一件一件试，穿完一件衣服，还会在外面套一件其他的衣服，乱七八糟地搭配。

我对她的这种行为不屑一顾，而奶奶是小语的忠实粉丝。不管小语搭配成什么样，奶奶都会鼓掌叫好。

那天，小语没有做完作业就开始玩搭配，我很生气，喊她去做作业，她答应了一声，但没有去做，我就更生气了，一把扯过她搭在肩上的一条裤子，说："你不能把时间浪费在这上面。"

"我怎么不能？我将来要做服装设计师。"

"你知道啥？做服装设计师是很难的，如果没有创意，对服装和时尚不敏感，那你最后只能成为裁缝。"

"谁说我对服装和时尚不敏感？再说了，裁缝咋啦？你不是说工作无贵贱之分吗？"

我一时语塞，我没想到，自己对于职业的认识也这么狭隘。

"你看我这身搭配，难道没有创意吗？你看，这条链子，虽然是自行车链子，但是和这条有点狂野气息的牛仔裤搭配，不是很合适？我相信，这绝对能引领时尚潮流。"

"好吧，我相信你，但是你能不能先做完作业？如果你现在功课不好，就是脑子里有点把螺丝变成配饰的创新思想，将来也还是无法做出好衣服来。"

"哼，偏见。"

父母总是希望孩子将来能选择最好的职业，享受最幸福的人生。但其实对孩子来说，怎么体现出他自身最大的价值才是最重要的。父母千万不要过早地给孩子的职业方向定位。

我认识一位妈妈，她曾经经常抱怨自己的儿子对什么都不感兴趣，只对收拾屋子特别着迷，他能把所有的物品都进行分类、整理，然后再

自制一些合适的整理箱、袋，进行包装。

这位妈妈当时认为自己的儿子没有出息，将来最多也就只能做个理货员，因此，每次见儿子整理东西，都会大叫着把东西夺走，扔掉。

这个孩子的整个成长过程都是和妈妈别别扭扭地过来的。他始终不听妈妈的话，但现在，却成了著名的数学家。

一些看似没有出息的行为，也可能会造就伟大的人生。因为这些行为可能是孩子发展自身优势的一个途径。所以，父母不要用有没有出息来看待孩子的行为。

蒙老师心语

父母对孩子的未来充满期待，这是一种正常的态度。但是，不要给孩子的未来及早定性，即不要过早给孩子的未来安排一个固定的角色。因为在孩子发展的过程中，你不知道他擅长什么，也不知道他的潜力正在暗中作用发展哪一方面的能力。要给孩子自己选择的机会，让孩子自己掌握自己的未来。

别干扰叛逆期的孩子

每个人的一生都有一段叛逆期,这是生理所致。但是如果父母总干扰孩子,独断地帮孩子建设他的人生,那么孩子的叛逆期就会无限延长,甚至变得不可理喻,因为他无法认清自己。

处于叛逆期的孩子,成长特别快,尤其是错误的行为,对他的成长有着非同一般的意义。这是因为叛逆期的孩子,张开了全部潜意识,在探索自我,探索更大的潜能。

春山是我的高中同学,他是一个忧郁的胖子,不高兴的时候,就会不停地吃东西。没有几个人喜欢和春山玩,大家都觉得他太沉闷,太……太没有出息。

就说玩游戏吧,他特怕挑战,一遇到论输赢的事情,要么赶紧躲开,要么就自动举手投降,说:"反正最后一个肯定是我,你们玩你们的,别管我。"

我们见过春山的妈妈,身材苗条,一看就是精明强干的人物。据知情人士说,她是一个不大不小的乡村干部。

有些同学就开玩笑说，春山肯定是抱养的，不是亲生的。还真有愣头青，把这话转给了春山。

春山并没有生气，反而打开了话匣子，他说："我敢百分之一百地保证，我是我妈亲生的，否则，她不会事事都操心，什么都要管管。"

这个世界哪个妈妈不操心孩子的事啊，因此，有人对春山这话不以为然。

春山说："你们有谁的妈妈，把孩子每一任班主任的资料都调查保存得完美的？你们有谁的妈妈，对孩子任何一年班级里其他孩子的档案都了如指掌的？"

此话一出，众皆哗然。

春山继续说："你，萨仁花，在我妈妈的档案里，是一个内向的、不太聪明的女孩；你，庄旭梅，在我妈妈的档案里，是一个太活泼的女孩；你，詹青，在我妈妈的档案里，是一个勤奋的学生……"

"你妈妈记录我们干什么？"有人不解地问。

"因为她在分析谁对我有好处，谁对我没好处。"春山说。

同学们一听，倒吸了一口凉气，纷纷用怪异的眼神看着春山。

春山说："我就知道你们会这么看我，有什么关系呢？反正我早就认为自己是个怪人了。"

如果父母事事对孩子加以控制，即使孩子由于性格懦弱听从父母的，他也会不自觉地在听从中进行反抗，并以伤害自己为目的。因为他的目标已经不是开发自己，而是报复父母。

我有个堂叔，十几岁就结了婚，妻子是一个很老实的农村女人。堂叔的妈妈，我三奶奶，在家里说一不二，脾气又特别不好，动辄就拿堂婶撒气。

三奶奶不但自己打骂儿媳妇，还唆使儿子也来打骂儿媳妇。为了教育好儿媳妇，三奶奶还准备了一条精致的小皮鞭。

堂叔其实并不喜欢这个媳妇，开始的时候，只要是他妈让他打，他二话不说，抄起皮鞭就打。可后来有一天，他忽然不打了。

三奶奶骂他："怎么，娶了媳妇就忘了娘啊？"

堂叔说："媳妇是你给我娶的，我不知道你给我娶媳妇干什么，可是现在这媳妇是我的了，你没有权利再打她，更没有权利指使我打她。"

一直以来，这个家都是我三奶奶说了算，堂叔对她是言听计从，因此，我三奶奶特别受不了，她破口大骂，一边骂一边还打堂叔，让堂叔向她认错。

三奶奶这样打骂了一天，可堂叔就是不吭声。三奶奶气得了不得，拿起皮鞭抽打婶婶，谁知，堂叔站起来就把皮鞭夺过来扔掉了。

三奶奶气急败坏，在地上打着滚嚷："可了不得了，你这个不孝子，我要把你赶出家门，你自己出去过吧。"

那时候，农村生活条件不是很好，堂叔没有工作，又刚结婚，手里根本就没钱，更没有房子。但是堂叔听了三奶奶这话，却二话不说，拉起婶婶就走了。

这一走就是好几年。三奶奶整天哭天抹泪。

当孩子发现父母的决定对他的人生有伤害时，他会特别逆反，甚至会产生仇恨心理。即使让自己作难，他也不惜反抗父母，远离父母。

我刚嫁进陶家的时候，陶琳高中还没有毕业，特别叛逆，妈妈的话不听，哥哥的话也不听，而且天天想着谈恋爱，尽管没有人跟她谈。

我婆婆很保守，听了陶琳那些恋爱的论调，简直受不了，经常骂陶琳，要不就苦口婆心地劝她："你个大姑娘好好地守点本分好不好？"

我开始也不喜欢这个样子的陶琳，但有一天半夜，陶琳忽然喝醉酒回来，她大笑着对横眉竖目的婆婆说："我就是想要看看你这个样子，太好玩了。"

　　婆婆又要打她，我赶紧劝住了，并告诉婆婆，即使陶琳酒醒了，也不要说她什么。婆婆无可奈何，后来就不再管陶琳。

　　但是奇怪的是，陶琳反而变得特别规矩。

　　处于叛逆期的孩子，有时候会用反抗父母的行为，来表达自己的成长。对于这反抗，他甚至没有对错的概念。如果父母不过分压抑孩子，这种反抗很快就会过去。

蒙老师心语

　　当孩子反抗自己时，父母都如临大敌，因为这表示自己的任何良言都无法被接纳，还表示自己对孩子的任何帮助，都会变成无用功。其实不是这样，反抗的孩子，是在认识自己，是在探索自己的能量，对也好，错也罢，只要他知道这是自己的选择，那么这也是一种成长。

抓住孩子的敏感期做教育

在孩子的成长过程中，某个年龄段对于他的某一种能力发展特别重要，这个年龄段就是敏感期。抓住孩子的敏感期做教育，会事半功倍。

做好教育，应该顺势而为。当孩子咿呀学语的时候，我们就要抓住他对语言的敏感期，对他进行语言教育；当孩子对秩序显得格外重视时，我们就要给孩子讲述秩序的安排。

我听朋友说过这样一个故事，有个男孩子，说话特别晚，三岁了，还说不清"妈妈"、"姐姐"等词语。这个孩子的妈妈急坏了，不再相信"贵人语迟"的话，反而认为这个孩子有问题。

也不怪妈妈着急，她的亲叔叔就是智障，她害怕这会遗传给自己的儿子。

于是，妈妈就带着儿子四处求医问药。尽管医术是相同的，但各个医生的说法却不尽相同，甚至大相径庭，有的说这孩子傻了，有的说这孩子没问题。

妈妈一时没了主意，就开始四处给孩子找补脑的药和食品。这个孩子从此开始了吃中药的历程。据不完全统计，光中药渣就能堆一座假山。

其实，这个时候，孩子对数字特别敏感，对人际关系也产生了相当大的兴趣，他能很快地分辨出远房亲戚和自己之间的关系。而且，这个孩子也开始"乱说话"了。

孩子拿着小棍棒，一个一个地排开，然后一点点分开，确保每堆都一样，一边分，一边还"一"、"二"、"一"、"二"地说着。可是这个妈妈却感觉很烦，一脚就把那些东西踢开了。

她抱着孩子的时候，也总是对着孩子的脸说："我希望他不是个傻子。"

受了这些消极的影响，这个孩子的发育更加迟缓。

其实每个孩子的敏感期都不一样，就说语言敏感期吧，有的孩子早些，有的孩子晚些，即使孩子表现得特别晚，也不要急于给孩子定性，说他智力有障碍。

萨仁花说她六七岁的时候，就是不明白，为什么爸爸妈妈必须睡在一起。她总觉得这事情有点不对，于是，就故意捣乱，今天要妈妈陪着，明天要爸爸陪着。

结果不久，萨仁花的爸爸和妈妈就离婚了。萨仁花的爸爸离开了她和妈妈，再也不回她们的家了。

那时候，萨仁花罪恶感特别强，她认为，要不是她捣乱，爸爸妈妈就不会离婚。萨仁花的妈妈是一个普通的牧民，她每天都特别努力地经营牛羊，希望给萨仁花更好的生活。

母女俩很少交流这件事，而萨仁花的罪恶感就一直持续着，并影响着她对人际交往的判断。

我刚认识她的时候，她是一个特别敏感、特别不愿意和人打交道的人。我特别喜欢萨仁花的淳朴，就主动和她交往。

我们熟了后，萨仁花告诉我，她就怕哪一句话说不好，哪一件事做不好，朋友成了敌人。

我问她怎么会有这么多担心，做朋友就要至情至性，聊得来就在一起，要是觉得没有共同语言了，就少说两句，也不至于成为敌人啊。

她也不知道自己为什么会这么担忧。但我们交往的那段时间，她总是显得小心翼翼的。我问她关于某事有什么意见时，她也是半遮半掩的，不敢全部说出来。

后来，我学了心理学，才知道，她其实是在人际敏感期时受到了伤害，不能正确理解人际交往的意义。

在孩子的敏感期，如果遇到什么意外，那么孩子对某种能力的敏感度可能就会下降，甚至会出现错解。父母要多观察孩子，避免这种事情发生。

我们小区有个孩子，十岁左右还总是把东西放进嘴里，她爸爸妈妈都是知书达理的人，对于孩子的这一习惯非常恼火，觉得特别丢面子。有时候，还会当众教训孩子。

我总觉得孩子之所以会把东西放进嘴里，并不是坏习惯使然，而是一种心理症结。但这话我可不敢跟孩子的爸妈说。

那天，我和小语、小松在小区里散步，迎面正碰上这个孩子走过来。这个孩子比小语大几岁，但和小松却很熟。两人见面就打了个招呼。

小松很热情，上去就抱住了那个孩子，那个孩子看起来特别尴尬，一个劲儿推小松。小松很不满意，说："你干吗？不喜欢我吗？"

那个孩子不好意思了，连忙说："不是，我没和别人拥抱过。"

"你妈你爸不抱你吗？"小语快人快语。

那个孩子摇摇头。

"你缺抱哎，我妈说，孩子要是不被抱，就会变傻的。"小松说。

小松刚说完，就听我身后有人说："你妈净瞎说。"我回头看去，是那个孩子的妈妈。

我笑了，问她："你是不是从小就不让孩子把东西放进嘴里？"

"那还用说吗？把东西放进嘴里，那多脏啊！"

"哎呀，这不对，孩子那时候是口腔敏感期，他需要用嘴来接触物体，感知物体，理解物体。这时候，他的皮肤也特别敏感。你要多抱他，他会变得很聪明的。"

"瞎说。"

"……"

零至六岁，是孩子的感官敏感期，这个时候，孩子会把什么东西都放进嘴里，千万不要为了卫生而把东西夺走。你要真讲卫生，不妨把孩子放进嘴里的东西进行一下卫生处理。

蒙老师心语

抓住敏感期做教育，就像顺着势头买股票一样，会大有益处，能让教育事半功倍。对大多数儿童来说，零至六岁是一个集中的敏感期，这其中包括器官、语言、秩序、社会规范、书写等等。但并不是每个孩子的敏感期都一样，对于晚一些的孩子，父母要耐心等待。

请耐心观察、解读孩子

大概没有几个父母能够定下心来，认真地读一读孩子。当他们读不懂孩子的时候，他们会感觉烦躁，把原因归咎于孩子，对孩子发脾气，这只能使问题越来越糟。

即使是我们的孩子，即使与我们朝夕相处，他还是有他自己的世界，他还是有我们不能理解的地方。当我们读不懂孩子的时候，总是想让孩子给我们一个解释。其实，大可不必，我们可以等待，等待孩子愿意交流，或者等待我们终于看懂孩子。

我并不是刻意强调成绩的人，即使作为班主任，也没有在成绩上刻意给孩子压力，尽管我在这方面的压力巨大。

我以为，只要我对孩子的成绩采取一种宽松的态度，那么小语和小松就不会在成绩上对我有所隐瞒，这样，我就会知道他们在学习上的具体问题。

但事实并非如此。有一次，我和小语班里的一个家长聊天，发现小语居然没有把英语测试卷拿给我看，而这张卷子，据那个家长说，老师特别重视。

我心里就有了火,但是那次我没有发火。小语放学后,我询问了她的考试情况,她的确考得不理想,但也不至于到我的下限。

我只是轻描淡写地说了一下,告诉小语下次学校有什么情况,不管怎样,都要及时通知我。小语答应得特别干脆。

可是不到两天,我偶然在小语的桌子上看到一张试卷,居然也是我没有看过的,我马上把正在吃饭的小语揪过来,问她怎么回事。她脸色一变,支支吾吾。

我火了,说:"我什么时候因为你成绩不好说过你?你为什么总是把卷子藏起来?你藏起来,我不但不知道你的成绩,还不知道你到底哪里没学好。这样,我就不能帮你了。"

"哼,你口口声声说不关心成绩,实际上,我只要成绩稍差点,你就马上给我补课,说这说那的。难道这是不关心啊?"

当我们口是心非时,或者是没有注意到自己所奉行的原则,正在被自己打破时,孩子会敏感地发现,并对你隐藏他的想法。只有找到源头,改变自己的错误,隔膜才能消除。

小松说,他有个同学,和父母之间的关系特别僵,他平生最讨厌的就是和父母说话。而他的父母,为了和他多沟通,给他买了手机,只要是下课的时间,就会给他打上一通电话。但他通常都不接。

小语听了,就说:"如果是我,也会这样做。我们也需要私人空间的。"

"是啊,我说老妈不给咱俩买手机呢,原来是怕打扰咱们。向老妈致敬。"小松一边说,一边给我敬了个歪歪斜斜的礼。

"我才不是怕打扰你们呢,我是懒得理你们。"我故意说。

"咱们老妈就是心狠,能不理咱们就不理咱们。不像我同学他妈,总是想要打开他的心看看。"

"你说，你要是现在正想骂人，我打开了你的心，我是不是得骂你一顿？但你骂人的心就那么一刻，你说我骂了你，你是不是觉得委屈？你委屈了，是不是得怪我？你怪我了，是不是和我关系就不好了？"我说。

"老妈就会说绕口令，这一绕，就把咱俩绕进去了。不过，幸亏您是我妈，不那么逼我，不然，我有话肯定也不和您说。"小语说。

不要刻意去掏孩子的心里话，给孩子留点隐私权。否则，你越想问，孩子就越不想说。再说了，如果孩子说了，你没有像孩子期待的那样去处理，反而会使事情更糟。

陶琳有个同事的妹妹离家出走了，同事特着急，陶琳就帮着她四处打听寻找。二十四小时都没有找到，一家人只好报警。可是警察找了很长时间，也没有踪影。

大约一个月之后，那个离家出走的孩子回来了，蓬头垢面，脸上和身上到处都是伤。可是当她妈妈问她怎么回事时，她就是不说。

她的妈妈情急之下，摇晃着她说："你快说啊，你不说，妈妈怎么知道你受了什么委屈？你说出来，妈妈就给你报仇去。"

那个孩子眼神特别吓人地说："要报仇是吧？你就是我的仇人。"

一句话，让她的妈妈呆若木鸡。陶琳的同事气不过，打了妹妹一巴掌，可是她只是沉默，低头坐在那里。

陶琳是个热心人，她知道后，就跟同事说，让那孩子到我家里住一段时间，缓一缓劲，再说。

也就是住了两天，这个孩子就憋不住了，给她的妈妈打电话，说自己很后悔，不该不听妈妈的话，谈什么恋爱，还要和人私奔，差点被人绑架。

她的妈妈接到电话后，泣不成声，马上跑过来把孩子接回去了。

当孩子犯了大错误时，他知道一定会受到大惩罚，此时他会死不承认自己的错误。父母越是逼问，他就越是抵抗。相反，如果父母能够晾一晾，孩子反而能够打开心门。

蒙老师心语

读懂孩子，看似简单，实则复杂。表面的东西，不一定能反映孩子的内心。但如果孩子不想打开天窗，那么父母就不要急于和孩子说亮话，否则，可能会引起孩子的反感，使得沟通不畅。不管怎样，作为父母，都要做一个细心的观察员，做一个有耐心的开导员，接受孩子的一切，让孩子愿意和自己说说他心里的那些事。

第三章 用欣赏的眼光看待孩子

在孩子不能正确认识自己、评价自己之前，父母对待孩子的态度，决定着孩子对自己的解读程度。如果父母总是看到孩子的坏，那么孩子也会下意识地去屏蔽自己的好。如果父母能无条件接纳孩子，总是给孩子希望和鼓励，那么孩子就会在潜意识里铸造信心和勇气。所以，作为父母，一定要和孩子保持亲密的关系，一定要以欣赏的眼光看待孩子。

请把孩子当孩子

别以为孩子很简单,其实孩子有着父母已经丧失的很多潜质。我们不能为了这些自己已经流失的东西,而故意去剥夺孩子尚在的那些潜质。

没有纯真的眼睛,不能算是孩子;没有爱动好玩的天性,不能算是孩子;没有出奇的好奇心,也不能算是孩子。可是现在,还有多少孩子,有着纯真的眼睛,爱玩好动,对周围的一切充满好奇呢?

莫文薇是我的一个同事,她是一位美术老师,但我更愿意叫她"心灵捕手"。

我曾经问过我班里的学生,如果你能选择父母,你希望你周围的哪一个成人能做你的父母,让我奇怪的是,大多数学生都选择了莫文薇。

这让我有一种挫败感,就问学生为什么。

一个学生说:"她上课经常做游戏。"

"画画怎么做游戏啊?"

"比如,她要我们画一个吃惊的人,就会问什么人会吃惊啊,吃惊的人会有什么表现啊,还让我们讲故事。"那个学生回答说。

又有学生说："在认识莫老师之前，我特讨厌绘画，我觉得我没有天赋，但是莫老师说我线条感特别强，她说我不但能画，而且能画得很好。"

"是吗？你说老师总是给你自信？"我问。

"是啊，我从来没有听莫老师说谁的画画得不好。她总是能发现最好的地方。"那个学生回答说。

又有学生说："还有，还有，老师，每节课我们都会和同桌互换作品，看着别人的作品，我们给编上有趣的故事。"

"那太好玩了，你们编的故事一定和作者的想法不一样吧？"我问。

"嗯，不管一样还是不一样，都特别好玩。"这个学生回答说。

对孩子来说，他最希望父母做到这几点：第一，经常和他做游戏；第二，能用欣赏的眼光看待他；第三，能把生活过得特别有趣。

我有个同事，叫李和梅，敦厚淳朴，和人交往时，必须自己吃点亏才舒服。如果你想平等地和她交往，她就会觉得特别不安。

比如，吃饭的时候，她一定要自己多出一份钱，给和她一起吃饭的人买一点小吃。这倒不是炫富，因为她根本不富。

或者大家一起开会，她一定要做一次服务生，给大家递递拿拿，才能安心坐下来开会。

我发现她这个性格后，就直接告诉她："你对自己特别不自信，你不愿意人们高看你一眼，你希望人们践踏你，才心安。但是有人践踏你，你又会觉得委屈。"

李和梅听我这么说，吃了一惊，她喃喃地说："我从来没有想过我自己。好像，你说得对。可为什么我要自我践踏呢？"

这其实也正是我想要问的，但恐怕这个原因深埋在李和梅的潜意识里，得需要一些特别的心理催眠手段，才能让她说出心里话。

我不会催眠，但我经常和李和梅聊天。我发现，她一说到小时候的事，就显得特别尴尬，特别不情愿，有时候还会说："我那时候特别傻。"

她这样说的时候，我会回她："有几个孩子小时候不傻呢？如果每个小孩都像成人那样精明，那这个世界也太恐怖了。"

她听了我这话，总是一愣，往往会沉思半天。几次之后，她忽然问我："小孩就应该是傻的哈？"

"对啊，我小时候，家里刚孵出小鸡，我拿起来就要把它放进嘴里呢。"

李和梅哈哈大笑，说："看来我不是最傻的。可我小时候，我妈妈总说我傻，总是告诫我这个不能说，那个不能做，否则别人就瞧不起我。"

我一下子发现了李和梅的心理症结。

孩子做傻事，没有错误，也永远不是错误。因为大人还有做傻事的时候，何况孩子呢？不要动辄就骂孩子傻，让孩子承担起"精明"的责任，那才是真的傻呢。

我的学生韦意对父母离婚事件渐渐释怀时，变得特别爱撒娇。有时候，在班里和同学说句话，他也会撒一下娇。

男生，撒娇，这两个词汇很难融合。因此，同学们一见韦意撒娇，就会特别反感。但是那段时间，我对他却特别纵容。我告诉孩子们："你们连撒娇都不会了，还要嘲笑别人吗？"

孩子们哈哈大笑，都学着韦意的样子，开始撒起娇来。我笑了，说："你们看过小孩子对陌生人撒娇吗？韦意对你们、对我撒娇，证明他很看重我们，把我们当成他最信赖的人。"

这时，我的学生就不笑了，还有人说："老师，那我也可以撒娇吗？"

"当然。"

这之后，我们班差点形成一股撒娇风，不过，看孩子们玩得那么高兴，心无城府的样子，我很开心。

做孩子，就要心无城府。对一个心里有阴影的孩子来说，缓解的最好办法莫过于让他放松，而撒娇就是他放松的一种方式，这能让他对纠结的事情释怀。

蒙老师心语

孩子就是孩子，不要高看他，也不要低看他。他有成人没有的智慧，也有成人没有的幼稚和软弱。我们要接受孩子的软弱，承认孩子的智慧，始终如一地爱孩子。如果我们反感孩子的幼稚，一味想要孩子变得精明，想要让孩子快快长大，那我们只会伤害孩子，导致孩子成长得更慢。

请乐观看待孩子

父母的态度,在很大程度上决定着孩子对自己的评价。不管孩子做了什么错事,别人给予孩子什么样糟糕的评价,只要父母相信孩子,那么孩子就有转变的机会。

孩子很小的时候,他为自己活,也为父母活。当然,不要按照字面意思来理解这句话。所谓为父母活,是孩子对父母的心、父母对孩子的态度,都能成为孩子奋斗下去的动力。

别看我爸只是一个老实巴交的农民,他却特喜欢看书,他看的书很杂,有《毛泽东选集》、《牛虻》等,也有金庸的武侠小说。

我妈去世以后,虽然村里人对我都会多一分呵护,但也有不懂事的孩童,常跟在我后面喊:"没娘教的,没娘教的。"

开始,我是拼命追打这些人,但有一些男孩子,我根本就打不过,反而被他们打。回家后,我就会向爸爸大哭大闹,让他把我妈找回来。

现在想来,我这样无理取闹肯定让爸爸特别难受,但是在我的记忆里,我的爸爸好像并没有多沮丧。我只记得他当时跟我说的一句话:"你看那黄蓉，也是没娘教的，有几个人能比得上呢？"

我不知道黄蓉是谁，我爸爸就给我讲述《射雕英雄传》的故事，听得我如痴如醉。听得着迷时，有时就会把自己想象成黄蓉。

有一次我爸爸给我讲完故事，我不由自主地问他："你看我像黄蓉吗？"问完之后，我就后悔了，黄蓉是多么机灵、美丽的人啊，世界上能有几个？我怎么能跟她比呢？

但是，我爸爸仔细看了看我，然后飞快地跑到外面，拿来一根光溜溜的小木棍，递给我说："嗯，还真像，再拿上这根'打狗棒'，就更像了。我看，以后还有谁敢欺负你！"

我拿着那根"打狗棒"，觉得特别开心，就在地上乱舞起来。

那之后，虽然还是会有人说我，但我却再也不会那么难过了。

当孩子在外面遇到挫折时，父母一定要让孩子积极看待这件事情，并能从孩子身上发现别人没有的优秀之处，哪怕是从他人身上转移来的优点，对孩子也具有良好的疗效。

小百合是我们村最美的姑娘，她性格有点狂野，说话也口无遮拦，尤其在和妈妈说话时，更是肆无忌惮。因此，小百合和妈妈的关系特别差。

我经常听小百合对妈妈说："我知道你最讨厌我，你最疼金菊。同样都是你的女儿，你咋就不能同样疼呢？我哪儿得罪你了，让你这么讨厌我？"

有时候，旁人也会劝小百合："百合啊，这事自始至终我都在旁边看着呢，我没发现你妈妈讨厌你啊？你做错了，你妈妈批评你，这是为了你好啊！"

的确，我遇到小百合和妈妈吵架的时候，也发现，小百合妈妈没有多么大的错误，只是在教训小百合的时候，有些词用得比较重——这就是我小时候的感觉。

但后来，我听我三姑说，小百合的妈妈的确有点不喜欢小百合，因为小百合的模样、性格都极像奶奶，而小百合妈妈和奶奶之间的关系特别不好。

听完这话之后，再看小百合和妈妈的冲突，我就有了新的感觉。比如，小百合穿着新衣服在地里玩，金菊也穿着新衣服在那里玩。但是小百合妈妈却光教训小百合，而不说金菊一个字。

当小百合问妈妈，为什么不教训金菊时，妈妈说："你是姐姐，你就应该做得好。妹妹不懂事，因为她小，你是姐姐，怎么也不懂事呢？"

这话听着特别有道理，可是我想，如果我是小百合，心里也会感觉不平衡吧。

有些父母会因为自己的喜好，而对孩子的某些言行产生厌恶心理。有这种心理，不管教育内容看起来多么正确，实质都是错的。因为孩子更关注情感，他会感觉到父母对自己的排斥。

有一次我出门坐地铁，由于不是高峰期，车上人不是很多，但也有一些人没有位子。

列车进入某站，车门打开后，一对母子进来了。孩子大约十岁的样子，很活泼，一个箭步就蹿了进来。

这时，座位上有个小伙子，忽然发现自己到站了，着急忙慌地站起来就往门外跑。那个孩子看到有个座位空了下来，马上就朝那个方向跑。

但那个座位前有一个姑娘，小伙子站起来后，姑娘就顺势坐了下去。此时，小男孩也跑过来了，他把手撑在座位上，眼睛直直地看着姑娘。

姑娘吓了一跳，也看了他一眼，然后猛然发现一个白发苍苍的老人正从门口走过来，大概也是刚上车的。她马上站起来，说："大妈，您来坐这。"

老人感谢着走过来，可小男孩已经一屁股坐在了上面。老人笑了，没说话，站在一边。姑娘气哼哼地看着小男孩。

小男孩的妈妈这时看不过去了，喊道："你怎么那么没礼貌？你小小年纪的，站一会儿怕什么？"

小男孩这才不情愿地站起来。我以为男孩的妈妈肯定要长篇大论教训孩子了，谁知她只是在孩子耳边说了一句："好儿子，能给老奶奶让座，很不错哦。"

小男孩得意地笑了。

我想，这个男孩这一次就学会了给别人让座。

当孩子因没有是非观念而做错事时，父母不要责备孩子，而要告诉他们，什么是对的，什么是错的，只要孩子能选择对的，就要不吝夸赞，这能强化孩子对是非观念的认识。

蒙老师心语

无论在孩子身上发生什么事情，错误的事，失败的事，自己不喜欢的言行，或者被众人不看好的言行，父母都不要过度责备孩子。很多时候，孩子可能只是不懂是非，或者能力没有被挖掘出来。父母要有耐心，要能乐观看待孩子的一切，给予孩子指导，对孩子表达自己的信任，那么孩子就会朝着你所希望的方向发展。

别随意指使孩子做事

现在还有谁敢说"我的孩子我做主"吗?恐怕没有吧。孩子是他自己的,即使作为父母,我们也没有资格随意指使孩子做事,否则,我们可能就无法和孩子保持亲密关系。

教育的一个很重要的原则就是尊重。当父母尊重孩子,孩子就会获得自尊、自信、自爱,愿意朝着父母希望的正确方向走下去。

小语虽然经常抱怨奶奶偏心、更喜欢小松,但却经常自愿帮助奶奶做一些事情,比如,给奶奶洗洗衣服等。

每次,小语这么做的时候,陶京就大加赞赏:"哎呀我的闺女,这可不是一般人能做到的。你看小松,奶奶那么喜欢他,他就给奶奶洗过几回袜子,你却经常帮奶奶洗衣服。"

小松听到这话后,总会说:"爸爸,你夸就夸吧,干吗还捎上我?你不知道,小语是别有居心,她是想让奶奶更疼她一些,不然,你看她为什么不给你洗衣服?"

我正好在旁边听到这话,就对小语说:"谁说的?小语,你就帮妈妈把这堆衣服洗了，让小松看看你是不是纯粹的孝顺。"

我当时正在拆洗被褥，洗衣盆里还有一大堆衣服。小语看了看，说："好，我负责洗被单、床罩。"

"切，露馅了吧，这些只要放进洗衣机就行了，哪儿还算洗啊？"小松马上说。

"要不你洗啊？你凭啥让我洗那么多衣服啊？我都给奶奶洗衣服了，难道我不洗这些衣服，就说明不孝顺奶奶、不孝顺爸爸妈妈了？"小语很不平。

"爸爸不是说我只给奶奶洗袜子，代表我不孝顺吗？"

"没有没有，两个宝贝，你们都孝顺。这些衣服，我们不强迫你们洗，我和你妈洗。你们要是看着我们辛苦呢，可以过来帮帮忙。"陶京连忙说。

不要为了让孩子做某些事情，而给孩子扣上大帽子，否则，孩子即使就范，也会对这些事情产生厌烦，甚至会对父母产生厌烦。

我在小区里散步，路过一家人的窗口。窗户打开着，我听到屋里有人喊："宝贝，来，帮妈妈端饭！"

就听那个被称为宝贝的说："我不，我要看电视。"

"这么大孩子了，都不知道帮妈妈做点事。"

"我做作业的时候，你也没有帮过我啊？"

"做作业是你的事情啊！"

"做家务是你的事情啊！"

"你——谁跟你说做家务是我的事情啊？"

"你是家庭主妇嘛。"

"你自己的饭自己盛，你自己的筷子自己拿，还有，你自己的衣服自己洗。我以后不伺候你了。"

"凭什么？这是你的工作，你不能不想干了，就来指使我。我又不是你的客服，别随意指使我。请尊重我。"

"那我是你的客服？我是你的仆人？这些本来属于你自己的事情，你都认为我是指使你，那么你又有什么资格跟我谈尊重呢？"

……

让孩子做他自己应该做的事情时，不要说"帮妈妈做什么"这样的话，否则，孩子会认为你在指使他做他分外的事，而不愿意对自己负责。

小语上四年级的时候，有天晚上，我发现她的书包里居然有一些本子和笔不是我买的。

我当时心一沉，因为就在不久前，我跟几个家长沟通时，听他们抱怨，说孩子在学校里经常丢笔，有一些不规矩的孩子会翻别人的书包。

想到这，我就问小语："这支笔是谁的？"

"哦，萌萌的。那个本子也是萌萌的。"小语心不在焉地说。

看了她的态度，我的心平静下来，我想小语不至于做出这样的事，如果她真做这样的事，肯定会心虚，而不会这么平静。

但我还是不放心，想了想，又问："你们班有人翻别人书包吗？"

"有，就是我们班的大伟，老师都批评他了。"

"有女生翻别人书包吗？"我又试探着问。

"没有。"小语想都没想就说。

"对了，你这支笔和这个本子为什么要从萌萌那里拿啊？你自己没有吗？"

"有啊，萌萌找我办事，就给了我这支笔和这个本子作为酬谢。再说，我以前有漂亮的东西，也给过她。"小语不以为然。

"你能不能不要萌萌的这些东西？因为拿了别人的东西手软，你知道人家会怎么说你？他们可能会说，小语是一个爱占便宜的人。"

"你知道什么呀？我们班里女生都喜欢换东西，又不是我一个人，我们礼尚往来有什么错吗？"

"我只是告诉你为人处世之道。"

"你这是纸上谈兵，自以为是。我才不听你这一套呢。"

这一次谈话我没有说服小语，后来，我又找了很多机会继续说服，但最后我居然被小语说服了。

当孩子有自己的是非评判时，只要孩子不错，父母就不要指使孩子，让他按照父母的是非标准做事。因为孩子有自己的世界，那个世界是我们成人无法进入的，也是无法理解的。

蒙老师心语

"尊重"两个字好写难做。一些父母把尊重当成了顺从，孩子有什么想法全都接收，结果导致孩子变得任性妄为，连自己分内的事情都不愿意做；一些父母把尊重当成了摆设，认为孩子还小，不懂得什么叫尊重，他们会随意指使孩子，希望孩子按照自己的方式做事。这两种方式都是错的，都可能造成亲子关系破裂，造成孩子无法学会自尊自爱。

不要把孩子"含在嘴里"

溺爱是错爱。不让孩子经历风霜雨雪，孩子就永远长不大，成为寄生虫或者依赖者。如果你想要孩子的内心强大起来，那么首先得能放手做教育，把孩子当成能独当一面的个体。

如果你把孩子当成强者，给他自己解决问题的机会，那么他就真的会成为强者；反之，如果你把孩子当成弱者，事事都替他扛，那么孩子就真的会成为弱者。

萨仁花和我生活在一个城市里，有了儿子巴特之后，她天天提心吊胆的，她说："我小时候受了很多苦，我可不想我儿子也受这些苦。"

我就劝她："男孩子，你得学会让他吃点苦。不然，他以后生活能力就会低下。"

萨仁花想想很有道理，可是她还是放不下。

我记得巴特很小的时候，我和陶京带着小松、小语去她家玩。巴特很喜欢陶京，因为陶京抱着他的时候，从来不会一个姿势，他要么把他抛向空中，要么抱着他跳舞。

但是我发现，萨仁花有点怕陶京，每次，陶京做一些有点危险的动作时，她就紧张至极，甚至张大了嘴，一动不动地站在原地，看着做各种"运动"的孩子。

我安慰她："没事，这对男孩子来说，是一种惊喜的刺激，有助于他的身体发育。"

她总是摸摸额头，轻轻嘟囔一句，然后说："是，是，是。"

有一次，我从萨仁花家走的时候，忘了带手机，就折回去取，只听她在客厅里大声训斥她丈夫："我告诉你了，那有危险。"

"没事，陶京也是那么教育小松的，你看小松多好。"她丈夫说。

"你就听陶京的吧，你怎么知道他在家里怎么疼孩子？你不疼孩子，我可疼。"

我摇了摇头，倒不是怨萨仁花多心，而是觉得她太紧张了。

巴特九岁的时候，那年春夏之交，我们两家一起出去玩。小松和小语都穿着短袖、短裤，但巴特却是长衫长裤，还穿了一件厚外套。

巴特看小松、小语的装扮，想要把外套脱掉，萨仁花连忙说："今天有风啊，儿子，一会儿热了再脱，不然感冒就麻烦了。"

陶京说："没事，男孩子皮实一点好。"

但我可不敢执意让巴特脱掉外套，因为我发现，巴特的体质较弱。

父母对孩子的一切过于紧张，很容易向孩子传送一个信号，那就是：我是脆弱的。一旦这个信号在孩子的潜意识里放大，那么他就真的会变得很脆弱。

我大学同学方玉茹，是一个农村出来的姑娘，但是她却显得格外娇弱。她曾经因为不知道到哪里去买卫生纸而在宿舍里哭了一个下午，没有去上课。

方玉茹的包裹特别多，内容也特别奇特，从卫生棉到内裤、袜子，应有尽有。舍友都说她:"你家房子要是有轱辘,你妈肯定早就给你推过来了。"

魏臻是城里人,也是独生女,她就特不懂方玉茹,问她:"我第一次来到这个城市,也很忐忑,但我是一个人来的。我就不明白,为什么你适应能力那么差?"

方玉茹大概知道她的意思,很委屈地说:"我在家里从来没有买过东西嘛,我很少出家门的。"

"为什么?"

"我小时候,有一次,晚上有露天电影,我就跟着小伙伴一起去了。可是看完电影之后,我就跟着别人走了,怎么也找不到自己的家。幸亏那个人认识我爸妈,就把我送回去了。"

"哦,是吗?是不是因为这事,你妈就永远不让你出门了?"

"是啊,我现在想想那事都觉得害怕,要是被坏人拐走了怎么办?"

"你那是几岁的事?"

"五岁吧。"

"五岁你能记得那么清楚?"

"这事太大了。"

"你爸妈是不是经常提起这事,一提这事就说,要是被坏人拐走了就完了?"

"是啊。"

"你啊,恐怕是被你爸妈的这些话给强化意识了。你想,如果是认识你爸妈的人,那他肯定不会伤害你,你也很快就回到家了。你心里应该不会有阴影。"

"嗯——是吗?我不知道呀。"

当孩子遇到某种危险时,父母不要刻意去强化这种危险,以免使孩子对这种危险产生恐惧,从此封闭尝试的动力。

我小时候很怕蛇，尽管我连真蛇都没有看见过。但我的一个老师告诉我，这可能是因为我的潜意识总在告诉自己：蛇是一种可怕的动物。

小语在咿呀学语的时候，有个亲戚买了一些识字卡。其中，识字卡上的蛇画得特别难看：舌头吐出来，红红的，前面还是三角形的。

偏巧，小语拿这张图片让我看，我看了之后，下意识地缩了缩肩，说："好难看。这念'shé'。"

小语马上说："好难看的蛇。"

我忽然想起老师的话，连忙说："念'shé'，蛇是一种爬行动物。有的很温顺善良，有的有毒。"

说完这话，我不禁笑了，我还从来没有听谁说蛇是温顺善良的呢。不过，我想，这总比直接告诉她蛇是令人恐惧的要好些。

我不知道是不是因为我从来没有给小语传达过有关蛇的坏话。在小语十岁左右，去我们老家时，她居然跟着我的一个侄子，抓过一条蛇。

不要把大人的错误的恐惧直接传达给孩子，否则，孩子没有遇到危险，也会产生恐惧心理，根本不愿意直接接触某件并不可怕的事情或者物品。

蒙老师心语

疼爱孩子永远没错，但一定要注意疼爱孩子的方法。如果把孩子放在防护栏里，甚至放进防御措施坚固的城堡里，孩子就会认为自己是软弱的，必须受到保护。那么他真的就会变得胆小懦弱。一旦环境出现变化，他的适应能力会非常差。

别无视孩子的存在

父母重视孩子，孩子就会重视自己。如果父母不把孩子当回事，那么孩子不但会产生自卑心理，可能还会产生仇恨心理，仇恨父母，仇恨社会。

从一定程度上来说，孩子对这个社会到底重不重要，是由父母说了算的。别从字面上来理解这话，你要从深层次里来看。如果父母从来没有把孩子当回事，那么孩子就会认为自己对任何人来说都是无关紧要的，是被排斥的，随着这种心理，他也会排斥所有的人。

我有个同学，是某监狱的一个看守员。那一年，监狱发生暴动，一名犯人空手挟持了一名来探监的家属，让监狱长放了他。

我同学就在场，他当时根本没当回事，还笑着对那名犯人说："你挟持的是你亲妈哎，难不成你还会对你亲妈下手吗？"

我同学话音刚落，那名犯人就一抬手，把被挟持的人的耳朵生生地撕了下来。那个妇人流着血，嗷嗷大叫："你们放了他吧，他根本不把我当成他妈看待。"

后来，在一名心理辅导员的劝说下，这名犯人终于放开了他的妈妈，但是他却恶狠狠地对她说："你要是再来，我就把你的另一只耳朵撕掉。"

虽然没在场，但是听我同学描绘这个过程的时候，还是觉得特别震撼。而且这个事情也让人费解，我问我同学："他丧心病狂啊，怎么对自己妈妈做这种事啊？"

"其实说起来也不全怪他。他妈特喜欢打麻将，小时候也没带过他。他稍大一点后，他妈就拿他当赌注，要是输了，就让他去别人家里做工，给人家干活。"我同学解释说。

"原来丧心病狂的是他妈妈。"

"可不是嘛，他妈妈后悔得什么似的，可是一切都晚了。"

父母把孩子当成玩物，当成赌注，那么孩子的人生还有多少意义可言呢？即使他长大了，意识到了自己的价值，恐怕也会走很多弯路。最重要的，他跟父母的关系绝对会非常糟糕。

我记得有个相声说，有个人在单位里拿东西拿惯了，去自己父母家吃饭时，也会顺手捎上一块大肥肉。别当笑话听，这样的事还真在我身边发生过。

有个人，从小就爱占便宜，在菜摊上买菜，走的时候，常要人家搭上一棵葱或者一头蒜。如果人家执意不给，她就会动歪脑筋，反正最后到家时，篮子里定会多一样没付钱的东西。

这个人自己也意识到这种习惯不好，可她就是改不了，有机会就忍不住下手。

有了孩子之后，她特别害怕这个习惯会害了孩子，就克制自己。但好景不长，如果不拿东西，她就觉得这一天特别吃亏。

她想：反正孩子也不懂，没事。所以，她有时候会忍不住当着孩子的面偷拿一些小东西。

那天，她去孩子学校开联欢会。家委会的人买了很多气球，尽管教室里四处挂满了气球，但最后还是剩了很多。

这个人看着那么多气球被扔在课桌上，不由心里一动，她悄悄拿起一包气球，装进了自己的包里。

联欢会后，她带着儿子回家，走在路上，儿子说："妈妈，我给你变一个戏法。"说着就从衣袋里掏出了一包气球。

这个人一下子呆在原地。

当你当着孩子的面做错事时，你不但毁了你自己，也在毁你的孩子。不要以为他看不懂，即使看不懂，他也会有样学样。

陶京说，他有个朋友遇上了点麻烦，我们得过去看看他。

我们到他家时，他家的门敞开着，门口到处是物品，有衣物，有遥控器，有水杯，甚至还有钱包。

陶京吓了一跳，大声喊他朋友的名字，跑进他家。我也跟着他进去了。客厅里一片狼藉，但四壁原有的大件家电都不知去向。

陶京的朋友正坐在沙发上抽烟，他显得极为颓丧，头发乱蓬蓬的，眼神呆滞。他的十岁的儿子正趴在他的肩膀上。

陶京问怎么了，那个朋友说，他媳妇要离婚，他不同意，他媳妇就找人把东西清理走了。

正说着，就听那个孩子说："爸爸，你不应该跟妈妈吵架，她要拿，就让她拿好了。反正只要有你，我就心满意足了。"

"去一边待着吧，我现在烦死了。"陶京的朋友说。

我看到那个孩子的眼神马上暗淡下来，连忙说："别这么对孩子说话，整个过程中，他都在支持你，你怎么能看不到他呢？"

"是啊，这孩子就是你的一切财富。有了这个孩子，你奋斗也有目标。"陶京也劝道。

陶京的朋友用手一捂脸，忽然觉得难过，又把儿子搂过来，紧紧抱着，亲着。

无论父母遇到什么难题，在孩子想要伸出援手的时候，都不要无视孩子的好心。即使孩子帮不上忙，也要告诉孩子，谢谢他，谢谢他的支持。这样，孩子会觉得自己很有力量。

蒙老师心语

你爱，或者不爱，孩子就在那里，默默关注你；你在意，或者不在意，孩子就在那里，默默感受来自你的态度和力量。你是孩子的根，为什么你就不能让孩子来你的怀里？为什么你就不能让自己住进孩子的心里？你知道吗？只要你们融为一体，孩子的力量就会超级无敌。

第四章　别让自己成为孩子的阴影

你是否思考过这个问题：什么样的父母，对于孩子才是好的呢？有很多人以为，成功的父母，就是好的父母。因为成功，可以给孩子提供更好的更舒适的环境；因为成功，可以给孩子提供更优质的成功经验；因为成功，可以让孩子有更广阔的眼界，更高的起点。但其实，如果成功的父母，没有伴随成功的教育，那么父母的光明，反而会成为孩子的阴影。

别拿自己的成功做孩子的标尺

父母和孩子,既可以相容,也会相斥。当父母过于关注自己的成功,拿自己的成功来做孩子的标尺时,孩子可能就会受到伤害。

古有"虎父无犬子"之谚,但也有"富不过三代"之言,这说明,尽管父母的优势在一定程度上会给孩子一个高起点,但如果教育不当,孩子反而会跌得更惨。

一天,我做完晚饭,让小语和小松过来端饭端菜,小松马上来一句:"我爸是陶京。"小语毫不示弱,说:"我爸也是陶京。"

奶奶不知道怎么回事,惊讶地看着两个孩子,说:"你们以前不知道爸爸的名字吗?"

两个孩子看着奶奶,哈哈大笑。

陶京听出了这其中的味道,就跟奶奶解释了那段时间发生的"李刚门"事件。

我恍然大悟,马上对两个孩子说:"你们自己的人生,扯上爸爸干什么?难道还觉得他插手你们的事少啊?"

小松笑着说:"幸亏我爸不是李刚,不然我肯定是个败家子。"

"你爸是陶京,你要是不学好,你也是个败家子。"奶奶说。

"哎,奶奶你不知道,就凭我爸,那教育水平,再加上我妈,那么个教育大家,您说,我和小语能长成歪瓜裂枣吗?"小松又开始了油嘴滑舌。

"Bingo!以前,我虚荣心还特强,特羡慕家有好父母的孩子,现在我觉得我特羡慕我自己。别看我的父母很普通,但却给我提供了成长最好的土壤。"小语文绉绉地说。

我和陶京相视而笑,为能得到两个孩子的拥戴而高兴。

对孩子的虚荣来说,父母有权势、有财富、有地位、有能力才好,这是孩子的骄傲。但是对孩子的成长来说,父母有好的教育方法才好,这才能构建孩子真实的未来。

项怀英虽然不是农村人,但她总说自己是山里飞出来的金凤凰。她说,她的父亲是园艺工人,每天只能在小区里帮人家照顾花草,而她的母亲则是理货员,还经常跳槽。

项怀英的父母都是临时工,偶尔两个人都没有活干了,一家人的口粮就成了问题。好在项怀英有个哥哥,早早就参加了工作,有固定的收入。但哥哥结婚之后,项怀英一家又过起了风雨飘摇的日子。

因此,项怀英工作后,不辞辛苦地捞金,即使后来钓了个金龟婿,她还是特别重视金钱,仇视贫穷。

项怀英不避讳自己的这种世俗心理,她说:"我就是势利眼,我就是喜欢钱。但是因为我看中钱,我才能获得这巨大的成功。我凭着个人的能力出过国,我凭着个人的能力创建了一个企业。所以,我并不觉得钱有什么不好。"

话说得很有道理,说实话,我也很喜欢钱,也看重钱。可我总觉得这种太重利的思想总是危险的。

大概是母亲这样现实的思想教育，炯炯很小的时候，就很会精打细算。项怀英特喜欢更新家具，而炯炯就会帮妈妈联系收废品的，不管价格多少，只要炯炯谈下来，那么卖旧家具的钱就归了炯炯。

即便如此，也没有什么不好。但后来小松跟我说："炯炯这家伙就是一个铁算盘，不管干啥，你就看他吧，脑子里噼里啪啦一通算，有利才做，一点人情味都没有了。"

我问他怎么了，他说："有个孩子生病了，大家都捐款，炯炯也捐了，但是你知道他是怎么捐的吗？他找了一家报社，大肆宣传，然后当众之下，捐了一万。"

家庭富有的孩子，要么特别看重钱，要么特别不看重钱。不管怎样，如果父母不能正确告诉孩子财富是什么，那么钱就会成为孩子摆脱不了的阴影。

我大学有个同学，叫甄美慧，是一个特别要强的女孩子，即使已经确认自己做不了的事情，她也要一而再、再而三地进行尝试，直到把自己弄得遍体鳞伤。

甄美慧特别喜欢交朋友，她对每个人都很好，但是对每个人的话又都不相信。别人告诉她的是简单的真理，她也一定要经过自己验证之后，才能相信。

我曾经问甄美慧："你为什么把自己弄得那么紧张？不能放松一下吗？"

她一下子没能明白我的意思，我告诉她："就比如，你现在想要学绘画，还要画到最好，每个人都不是完人，你何必这么逼你自己呢？"

她想了半天，才叹了口气，说："哦，大概是我以前从来没逼过自己吧，我不知道自己的深浅。"

这回，换我不明白了，她笑了，说："我爸原来是我们那个地方的县长，我从小听到的就是赞誉声。我一直以为，我是最优秀的，是最有能力的。可是，我十五岁那年，我爸被撤职了，家里一下子变得特冷清，而我的耳边经常充斥的就是对我的责骂和诋毁。"

过于优秀的父母，在世俗的社会中会给孩子带来一个事事顺利的环境，但这个环境的一切都是虚的，一旦父母的名利、地位消失，孩子得到的一切也会随之消失。

蒙老师心语

苏东坡曾经说过：高处不胜寒。这句话对家有优秀父母的孩子来说，可能意味更加深远。父母的成功，有时候是孩子身后的七彩光环，但更多的时候，却是孩子的阴影。如果父母不能放下身段，如果父母用自己的权力保护孩子，如果父母给孩子传达过多的关于财富与成功的世俗思想，那么孩子就会受到消极的影响，孩子的成长就会出现问题。

不要用自己的优秀约束孩子

所有的孩子都有古灵精怪的一面，不信，你可以试试。当你说一些冠冕堂皇的话的时候，孩子不是认真地听，而是怀疑地看着你，他更希望听到你真实的想法。

越是成功的父母，对世界的理解就越有更多的条条框框，因为他们要维护自己的权威、地位和荣誉。但这些条条框框，通常都是孩子的陷阱。

陶京有个同学，是一个著名的教育家。以前，经常会在电视里看到他，那些关于教育的真知灼见，曾经感动很多父母。

但是，让人大跌眼镜的是，这个教育家的儿子却几乎是一个废品。十五岁时，打架、喝酒、嗑药、泡妞、赌博，五毒俱全。

因为这个儿子，这个教育家的事业一落千丈，尽管他的教育思想非常合理，但人们就是不再愿意相信。一个连自己的儿子都教育不好的人，又怎能谈教育呢？

之后，这个人几乎过起了隐居的生活，一心陪儿子过日子。

偶然一次，陶京在一个球场上碰见了父子俩。让他惊讶的是，这对父子之间居然特别和睦，而他的儿子也不再是那副桀骜不驯的样子，反而显得彬彬有礼。

陶京问他的朋友怎么回事，他的朋友说："以前我不懂，教育其实就是生活。我和儿子把日子过得很好，我就教育好了他。根本不用我告诉他什么该做，什么不该做。"

当父母的职位或者工作方式具有管束性时，孩子的叛逆思想会特别严重。父母的地位越高，约束能力越大，孩子的反叛性就越强。除非父母放下身段，否则孩子是不会听从父母的。

我有个医生朋友，他曾给我讲过这样一个故事。有一个身材苗条、容貌端庄、举止文雅的妇人，带着自己的女儿去看病，她的女儿背部经常会出现浮肿，还会有红色斑点。

这个妇人说，她带着女儿去了很多地方，但没有人能明确说明，这到底是什么病。他们要么说是过敏，要么说是有心理症结。

我的朋友发现，这个女孩子长得特别胖，脸部线条也不是很好看，而且她的姿势特别难看，他就对那个妇人说："你女儿不太像你哦。"

那个妇人马上说："哎，可不嘛，她长得像她姑姑。"她一边说，一边露出厌恶的表情。

我的朋友问她："你希望你的孩子长得像你吗？"

"当然了。这还用说吗？"

"那你以后不要跟她说，你怎么怎么好，她姑姑怎么怎么不好的话，也不要说她像她的姑姑好不好？"

"你怎么知道我这样说过？"妇人迟疑着，"其实，我平时教她锻炼身体，也教她正确的行走坐卧姿势，可是你看她，就像一团泥一样。"

妇人说着，就猛地捶了孩子佝偻下去的腰一下，孩子吓了一跳，眼睛不由得眨了眨。

我的朋友连忙制止她，然后开始给这个孩子做身体检查，在做背部按摩的时候，我的朋友一直问那个孩子："你感觉委屈吗？"

那个孩子侧头去看她的妈妈，我的朋友说："你直说就行。别看你妈妈。"

那个孩子就说："委屈。"

我的朋友就说："那你就哭吧。"

那个孩子就号啕大哭起来。

她的妈妈很奇怪，问她："你哭什么？你有什么委屈的？"

那个孩子说："你一直觉得我不好，我不好看，我胖，我姿势难看，我……"

孩子泣不成声，她的妈妈大惊失色，说："我没有啊，我只是在教你怎么做才能更好一点啊！"

"你的表情，你的眼神，都在告诉我，我多么糟糕，我和你的差距有多大，我永远都不可能像你那么好。"

如果父母用讨厌的眼神来看孩子，那么即使父母在耐心地教孩子规则与进步的方法，那么孩子得到的也不是规则、方法，而是对自己的不自信。

小语放学的时候，在天桥上买了一个小圆镜。回来后，她就拿着小圆镜左右端详，就连做作业时，也把小圆镜放在作业本上方，像拜神一样摆着。

我不希望小语把时间都浪费在这上面，就说："我在办公室里，业绩算是最好的，可我们的下一代里，你的成绩恐怕——"

"哼，虚荣。"小语马上把小镜子抢过去，白了我一眼。

"你这么喜欢照镜子，还说我虚荣啊？"

"我算虚荣吧,但我只是修饰容貌。你呢,修饰名声,还说我?哼!"小语愤愤不平。

"那好,咱俩都不虚荣,你别照镜子,我也不拿别人和你比,怎么样?"

"成交。不过你得先行动。一个月后,我发现你变好了,我自动把镜子上交。"

狡猾的小语。

一些在自己圈子里有影响力的父母,会特别希望孩子也和自己一样在某个圈子里有影响力。为了完成这点,他会不断教给孩子规则,并把那种比较思想传达给孩子。这会使孩子很受伤。

蒙老师心语

教给孩子规则,这是教育的一种手段。但是使用这种手段的时候,父母一定要注意,不要向孩子传达任何负面的信息,尤其是不要用自己的优秀之处来压制孩子。否则,孩子的心思就无法用在遵守规则上,而是用在对父母的反抗上。

为孩子制定合理的目标

父母可以为孩子制定目标，但这个目标必须要在孩子的内心得到承认，否则，这个目标只会让孩子感到压力，也成为两代人矛盾的焦点。

优秀的父母，一般来说，生活、工作都特别有规律，计划性特别强，基本执行的是目标制度。目标制度是成功的一种方法，但如果不加选择地将其应用到教育里，可能就会造成错误。

学校开完运动会的第二周，我的学生孔祥生就给我带来了请假条，说脚崴了，不能上体育课，也不能跑操了。

我问他怎么回事，他低着头说："周末骑车的时候不小心摔倒了。车子砸在了脚上，起来的时候，脚一下子踩在一块小石头上，结果就崴了。"

我看了看他的脚踝，的确有两处轻微擦伤，就准了他的假。

晚上放学的时候，孔祥生的爸爸来接他，看他居然一瘸一拐的，就问他咋啦。孔祥生连忙偷眼看我。我觉得很奇怪，就站在那里看着这对父子。

孔祥生连忙拉着父亲走,可是由于走得匆忙,脚又踩在了一块石头上,他"哎呀"一声蹲下来。

孔祥生的爸爸看起来特别紧张,连忙让他坐在马路牙子上,给他检查脚。他揉了几下,说:"看来你明天得跟老师请假了。"

我也过来了,问孔祥生:"是不是伤到昨天受伤的地方了?"

"昨天?昨天没事啊。什么伤?"孔祥生爸爸说。

"他昨天骑自行车砸了脚,还崴了一下。你这个当爸爸的,不知道吗?"

"没有啊,昨天我和他一起骑自行车,是刮了一下,可没事啊。"

这时,我看见孔祥生很恐惧地看着他的爸爸,嗫嚅地说:"我就是不想练习了。你天天让我跑步,我这次运动会都破纪录了,你还让我跑,要求跑到更好,我太累了。"

如果父母给孩子定的目标过高,或者不给孩子放松的时间,那么孩子就会因感到疲惫,而想办法破坏父母的计划。

艾尔是我的一个大学老师的儿子,他二十五岁了,现在是一个流浪者。他不想回家,也不愿意工作,就整天在外面靠打零工赚取微薄的生活费。

我的老师特别瞧不起这个儿子,就连上课的时候,偶尔也会说上一句:"你们可别像艾尔那么笨。"

据说,艾尔很小的时候,我的老师是按照天才的方式来教他的,可是艾尔天资笨拙,表达能力差,对数字的敏感性也差。我的老师教了一阵下来,发现他什么都不会,特别沮丧。

有人曾劝我的老师:"别老逼着孩子成为天才。"

我的老师反驳说:"我就是天才,我十四岁就考上了大学,我的儿子怎么能是笨蛋呢?"

父母是天才的人，在教育孩子的时候最容易出问题。因为他们通常会不顾孩子的身心发展规律，而一味想让孩子超越，这只会给孩子带来压力，使孩子变得不自信。

―――――※※※※※―――――

青青是我的一个笔友，她最常诉的苦就是，她的未来已经被她的爸爸填满了。

青青是浙江人，她的爸爸是一个著名的企业家，开着一家向全球供货的玩具厂。青青的爸爸在她十岁的时候就告诉她："你和别人不一样，你以后必须要带领两万人。"

爸爸的意思，是让青青继承他的事业，因为青青是独生女，而爸爸年纪已经大了，一直没有找到合适的继承人。

青青上初中的时候，人家都学习数理化，她不但要学习这些，还要跟着爸爸学习会计学、审计学、经济学等等。

青青也是早年丧母，她和爸爸相依为命，所以，对爸爸言听计从，尽管那些学科特别枯燥，但是她还是很认真地学，她说："我是为了父亲而学。"

上大学时，青青考上了美国一所常青藤大学，她一个人漂洋过海去读书，这是她独立生活的开始，也揭开了她思想独立的新篇章。

在美国，青青的思想得到了自由地绽放，她忽然有了一种放弃经营管理，去做电影的冲动。她在自由思想的推动下，立即改了专业。

不久，爸爸就发现了。父女两人争执起来，各不相让。爸爸气得要打青青，青青拦住爸爸的手，很诚恳地说："爸爸，你知道吗？以前，我的神经一直紧绷着，总觉得自己要顶天立地才行。现在，我感觉特别放松，睡觉也睡得特别踏实。"

爸爸听了，沉默了好久，最后什么也没说，转身走了。

大约两年后，青青还是回了浙江，接替了爸爸的事业。她说："虽然我绕了一个弯,但却值得,因为现在即使挑起重担,我也不会觉得难以承受了。其实,这不光是我的责任,我也很喜欢经商。"

一开始,就给孩子一个很大的目标,即使孩子有能力挑起来,他也会因觉得紧张,而无法安心做好事情。

蒙老师心语

精英父母们最接受不了的,就是有一个普通的孩子。他们自己的出人头地,已经让他们形成了一种惯性思维:一切都应该是以自己为中心的。为了让孩子的成长也配合自己,他们会给孩子制定很多目标,并根据这些目标进行训练。但这些目标如果不符合孩子的成长,就会压垮孩子。

孩子未必会继承父母的优秀之处

再优秀的父母,也会有短处。如果孩子无法规避父母的短处,同时,孩子又没有父母的技能或者机遇,那么孩子的人生就会被父母的光环毁掉。

最早给孩子人生观、价值观的人是父母,因为孩子最先观察到的社会人,就是父母。需要注意的是,孩子学会的,可能不是父母那些放在台面上的人生观和价值观,而是深入骨子里的人生意义和自己的价值所在。

我的高中同学美静,博士生,现在在中科院工作。她在高中时候,曾得过轻微的神经衰弱。

为了治疗,美静休学一年,并根据心理医生的建议,专门到一个偏远乡村去减压。回来后,美静的神经衰弱就好了。

很多人都羡慕美静,但美静对于自己的那段神经衰弱的经历,讳莫如深。她曾经说:"你们不要让我说,否则,我脑子里就会一直重复头疼、睡不着觉的那个过程。"

随着美静的学习渐入佳境，她渐渐忘了这段过往。

美静的儿子上二年级时，有一次感冒引发了头疼。孩子在做作业的时候，一边捂着头，一边说："妈妈，好难受啊。"

这一形象，一下子激起了美静对高中时那段神经衰弱历史的回忆，她激灵灵打了个冷战，马上说："哎呀，儿子，你不会是神经衰弱吧？可千万别像妈妈呀。"

然后，惊慌失措的美静马上把儿子带到医院去看病。虽然医生明确告诉美静，孩子不过是感冒，但美静的恐惧却一直没有消失。

这之后，只要儿子说头疼，只要是儿子在做作业的时候表现出疲倦难受的样子，美静就受不了。

妈妈的敏感马上引起了孩子的反应，大约上初三时，他也患上了轻微的神经衰弱。

如果父母对于自己的缺点、憾事一直讳莫如深，甚至紧张兮兮，那么孩子就会格外关注这个方面，甚至会强化自己在这一方面的特质。

小语朋友的一个老师——美国的流浪摇滚乐歌手曼森，带着儿子杰瑞到我家来做客，并要在我家住一段时间，体会父母与子女之间的亲密关系（有特殊意味哦）。

杰瑞的母亲是中国人，他自幼说汉语，与我们沟通没问题，但我们却无法理解这个孩子的想法。

第一个晚上，杰瑞就要独占小松的房间，还让小松滚到一边去。最让我们受不了的是，他一直在拍篮球，惹得楼下的人不停来敲门质问。但小松、小语谁也说服不了杰瑞。

陶京很有办法，他问杰瑞："你喜欢夜光篮球吗？就是把灯全都关掉，还能玩的那种球。"

杰瑞一听自然很高兴，说："那还等什么，我们去玩吧。"

陶京果然很有一套，在杰瑞回来后，他向我们一家人道歉，然后很大方地说，自己睡在沙发上，让小松睡床。

安顿好孩子后，我问陶京是怎么做到的，陶京说："就是改变他爸爸对他的影响喽。他爸爸总是四处流浪，杰瑞也一直漂泊，开始跟着母亲，最近又跟着祖父一起生活。祖母经常抱怨曼森不负责任，杰瑞自然很恨父亲，而且认为只有不负责任才是报复的最好方法。"

"你的意思是说，杰瑞是在学他爸的样子来对付他爸爸？"

"是呀，这孩子这么小，如果一直不在父母身边，他又必须天天听一些抱怨父母的话，就会变得很消极。"陶京说的话很有教育味道，我不禁刮目相看。

对不在孩子身边的父母来说，父母的光明，就是孩子的黑暗。在没有爱的成长环境里，孩子会把父母对他的不负责任"发扬光大"，最终成为一个消极懈怠而又不负责任的人。

有一个很受大众欢迎的明星，他为人温文尔雅、彬彬有礼，但他的儿子却屡屡出现负面的报道：打架、骂人、吸毒。这个明星不得不经常出面，为儿子"擦屁股"。

他非常迷惑，因为虽然没有很多时间教育儿子，但只要和儿子在一起，他就会给儿子灌输一些正确的人生观、价值观。比如，为人要谦和，做事要认真。

这个明星是一个完美主义者，他不希望自己在教育上有什么败笔，因此，就去请教我的导师。

我的导师和这个明星的儿子聊了几次，慢慢发现了孩子的心理轨迹。说起来，问题还是在这个明星自己身上。

这个明星骨子里有一种超强的优越感，那种万众瞩目的状态给他的自信和能量非常巨大，他自认为一切都是顺应他的思想的。

他在教育孩子的过程中，很自然地把这种优越感带给了孩子。比如，他会说："像我们这种人，必须要怎样怎样。"

由于孩子生活环境好，常被人恭维，当他听到父亲的话时，只理解了前半部分，他认为："我爸爸是至高无上的人，我也是至高无上的人，我有一种享受特权的命运。"

在这样的思想暗示中，他骨子里的优越感会更强，嚣张会特别明显。尤其是当自己犯错误后，父亲为自己收场时，他的这种思想意识会更加强烈，他也会变得更加嚣张。

明星听了我导师给他的分析后，沉吟半晌，说："那，我岂不是没有办法改变？"

我导师笑了，说："其实你的优越感不能说是错的，但是如果你能够把你的奋斗讲给孩子听，并且能心甘情愿地让孩子吃些苦头，那么他就不会产生这种无端的优越感。"

父母的光环，是一把双刃剑，既能托起孩子，也可能扼杀孩子的天性。如果孩子只继承了父母的优越感，而没有继承父母的技能以及机遇，那么孩子就可能会受伤。

蒙老师心语

我们常会听到一些优秀父母这样抱怨：为什么我哪儿不好，你就学哪儿？我那些好的地方，你怎么不去学呢？心理学家认为：学坏很容易，学好却很难。因为学坏不需要克制自己、压抑自己，甚至只需要放纵自己；而学好，却需要不断思考，不断练习，不断修正。当然，孩子小时候学坏，只是暂时的，只要父母能够及时予以纠正，那么孩子终究会走到正路上来。

直面孩子的"丢脸"行为

一些优秀的父母总会这样对孩子说:"不要给我丢脸。"其实这话对孩子的伤害,比孩子做错一件事的伤害更大,他会让孩子觉得压力大,同时还会对父母产生怨恨心理。

孩子在公共场合的表现,直接反映了孩子的教养。所以,一旦孩子做出了让父母觉得丢脸的行为,父母就应该反省自己,而不是去斥责孩子。

学校聚会,很多老师都带着孩子参加了。我坐的那张桌子上,有一个孩子显得极为特别,他一张嘴就吐脏字,用手抓菜,还站在椅子上,把筷子伸到很远的盘子搛菜,结果菜没搛来,口水滴了一桌子。

很多老师都看着他,不知道他是谁的孩子,又不好意思训斥他。好半天,体育老师才跑过来,抓住这个孩子的胳膊,说:"你怎么跑到这里来了?"我们才知道是他的孩子。

体育老师要把孩子带走,但孩子嚷道:"我已经占好座了,不走!"

体育老师脸红了,连忙对我们解释说:"这孩子一直和他姥姥生活在一起，被惯坏了。"

有个老师劝道："没关系，让孩子在这吧，那也有个空位，你可以坐那里。"

体育老师无法，只好挨着孩子坐下来，但他并不安心，在那里不停地告诉孩子，别这样，别那样。孩子一旦做错，他就揍孩子。

一会儿，体育老师把孩子削哭了；一会儿，又把他扯到座位下面。尽管大家一直劝体育老师，但他始终觉得很丢人。

结果，这次聚会，这一桌的人只能看这父子俩表演。

在公共场合，孩子做了一些不合规矩的事，或者说了不合规矩的话，父母会因为孩子的行为不当而觉得丢脸，并当面教育孩子。实际上，当面教育最容易伤害孩子。

我上大学的时候，有一次吃饭，食堂的电视正好在播放一场知识竞赛。一位同学指着一个孩子说，那是我们某个老师的孩子。我们一听，都全神贯注地看起来。

那位同学一边看一边说："这个孩子从小就博览群书，而且经常跟着父亲走南闯北，也算是见多识广，我笃定他会赢。"

我们都很爱戴那个老师，他平时的教学也的确体现出了渊博的知识，所以，我们都十分相信那个同学的话。然而让我们大跌眼镜的是，这个孩子在第一轮就被淘汰了。

我们都觉得很遗憾，也就没有心思继续看下面的比赛，纷纷议论开了。

有人说："名不副实啊，看来老师的家庭教育没做好。"

有人说："也可能是临场发挥不好。"

又有人说："如果这样的场合，这个孩子都出错，那么他的心理素质太差了。如果他的心理素质很差，那依然证明咱们老师的教育不好。"

……

再上课的时候，那个老师依然旁征博引、滔滔不绝。下课后，有一个很大胆的同学跑过去问他："老师，您对儿子在比赛现场失利怎么看？"

老师一愣，说："什么比赛？"

"就是上周某某电视台的那场知识竞赛啊。"

"哦，胜败乃兵家常事。没有败的痛苦，哪能体会胜的甘甜？"老师微笑着说。

"您真这么想啊？"

"不然，你认为我会怎么想？我会大骂他一顿，说'你太给我丢脸了，连我的学生都看不过去了'？我都有失败的时候，难道不允许孩子失败一次？这么说没道理嘛。"我的老师依然笑着调侃。

"老师，本来我们认为您的家教出了问题，可您这么一说，我又觉得您真的很棒。您的儿子将来肯定会特有出息。"

……

精英父母最难接受的，就是孩子的失败，尤其是在一些外人高看他一眼的项目上，精英父母更难容忍孩子的失败。实际上，这只是父母的虚荣心在作怪罢了。

小语有个同学很漂亮，学习也好，但却很自卑，不怎么和人交往。小语性格憨直，没有什么心眼，那个孩子和她关系还不错。

熟了后，小语就问那个孩子："你为什么那么不喜欢和人说话啊？"

"我不是不喜欢，是害怕别人不喜欢和我说话。"那个孩子沮丧地说。

"怎么会呢？你那么漂亮，学习又好，不管女生男生，都很喜欢你哦。"

"我这么胖，怎么会有人喜欢我呢？"

"你哪儿胖了？像你这样，稍有点肉，显得多可爱啊。"

"才不是呢。你没见我妈，我妈以前是模特，就是现在，她的身材也那么好。她经常说我是猪的身材。"

"你妈妈怎么这么说你呢？"

"她说的也没错哦。"

如果孩子没有继承自己的优秀之处，父母不要用自己的优势，天天打击孩子，否则孩子就会变得非常自卑，根本无法正确评价自己。

蒙老师心语

孩子有自己的人生，他不是为了父母的脸面而活着的，所以，父母教育孩子时，千万不要浅薄地对他说："别给我丢脸哦。"这话只会让孩子感到难过，影响亲子关系；同时，还可能让孩子变得自卑，活在父母的阴影里，无法自拔。

第五章　别用点滴行为拼凑孩子

没有完美无瑕的孩子，也没有一无是处的孩子。评价一个孩子，不能光看孩子几个重要的地方：学习成绩啦，兴趣爱好啦，而要从细枝末节的地方观察孩子的语言和行为，发现孩子的心理发展状态。如果用只言片语来为孩子定义，那么我们就会误读他的心理，进而对他进行错误的教育，让他受伤。

不要片面看待和判断孩子

父母不能全天候守着孩子,无法全面掌握孩子的动态,自然会误读孩子。其实这是正常的,只是有些父母,认为自己的孩子自己最了解。

孩子是本体,在父母眼里的孩子,只是一个映像而已,如果父母不能拓宽思路,全面接受关于孩子的信息,那么父母就可能会对孩子产生错误的判断。

我爸爸曾经讲述过这样一个故事,村里有个孩子,小名叫申申,是一个特别乖巧听话的孩子,不像别的男孩子那样到处惹是生非。

申申的妈妈认为这是孩子的优点,别人提起孩子时,也总是笑着说:"他可懂事了,从来就没让我操过心。"

有一天,几个妇人坐在树荫下聊天,其中一个人说起村里有孩子去附近偷瓜的事情,申申的妈妈说:"我的孩子肯定不会做那样的事。"

另一个妇人马上说:"你可别这么说,我听种瓜的陈英说,上次他抓了一个偷瓜的小孩,就是你家的孩子。"

"不可能吧,他怎么会做出这种事情来?你看我回家不揍死他。"

申申的妈妈恨恨地说。

"嗨,那么点的小孩,难免淘气,又不是什么大错。人家陈英抓住他后,啥也没说,还给他找了个瓜吃。再说了,申申是个男孩子,他要是不淘气,太呆了,反而不好。"一个妇人劝道。

可申申的妈妈就是觉得难以接受。回家后,她狠狠地打了申申,理由有二:第一,偷瓜;第二,没有跟自己坦白。

据说,申申显得非常惭愧,一直认错。

我爸爸一直认为,申申妈妈这么做错了,他说:"申申长大了,不是伪君子,就是呆瓜。"

如果在父母的眼里,孩子只能有正面形象,而不允许孩子出现一点错误,那么孩子就会感到压力很大,要么,他会刻板地去维护自己的正面形象,要么会变成一个撒谎者。

我上小学的时候性格很木,胆子也特别小,不太擅长和别人交流,尤其是大人。

但是我却和我的几个实习老师关系特别好,在她们面前,我什么话都敢说,甚至曾大言不惭地说:"我将来是要做作家的。"

我之所以用"大言不惭"这个词,是因为我的家人一直教育我,为人要谦虚。这话要是被我爸听见了,或许他会没什么反应,但要被我三姑听见了,肯定会嘲笑我。她会说:"你知道作家是干什么的吗?"

但不巧的是,我三姑的婆家侄子恰恰是我的一个实习老师的男朋友。在我们学校实习后的第二年,那个老师就落户到了三姑所在的县城,并和三姑的婆家侄子结了婚。

我三姑是一个嘴闲不住的人,三套两套,就把我说的那些话,从我的实习老师嘴里套出来了。据她自己说:"我那个乐哎,我家这个小妞,居然有这么大的口气啊。"

当然，三姑最大的乐趣，就是把我的狂言乱语转述给我的爸爸，而且，还得是我在场的时候。三姑向来对此把握得很好。

乍听到这些话从三姑嘴里说出来的时候，我脸一下子就涨红了。我结结巴巴地说："没有，没有，我没说。"

爸爸没有说话，他只是歪着头看着我，我看到他面无表情，心里更加惭愧、难过。

好半天，爸爸才说："这真是你说的？哦，也不错嘛。"

"什么？也不错？你就惯着孩子吧。"三姑不甘心。

"我怎么是惯着她呢？她有这个志向不是很好吗？"

"那倒是，可是你不觉得她太狂了吗？咱家人可没这么狂的。"

"你忘了，你像她这么大的时候，还天天要去做演员呢。我也很支持你啊。"

如果父母的教育过于严苛、死板，或者父母与子女的沟通较少，那么孩子在父母那里就会显得很死板。其实，孩子天性活泼，这种天性会在舒适的环境中展现出来，并成为成长的助力。

小语四年级的时候，在班级里开了一家公司，公司的名字叫泡泡妙妙，她说，这个意思是虽然是泡泡，但也很奇妙。

那个时候，陶京正准备辞职，开一家体育用品店，但他一直担心自己经验不足，做不好。有一段时间，他甚至一直喃喃自语："我不是那块料啊。"

我和婆婆一个劲儿鼓励他，我们都相信他能做到，但他还是不敢冒险，前思后想，一直准备，期望能把风险降到最低。

小语的这个泡泡妙妙公司恰在此时开张营业，让陶京非常惊讶，对他也颇有一种教育意味。陶京问小语："你开这个公司有什么目的啊？"

"没啥目的啊？我就是觉得好玩，我想要记录我和同学们的一些点子，虽然现在这些点子对我们没什么用处，但长大以后肯定能用得上。"

"你又没经营过公司，你觉得你能经营得了吗？"

"我不去尝试，我怎么知道我经营得了经营不了？"

"一旦失败了，你会不会觉得很失望？"

"不会啊，失败也是一种财富。"

陶京说，这些冠冕堂皇的话也许小语只是会说，并不知道其深层的意义，但对他的鼓励却很大。

不要小看孩子，任何一个孩子，都可能会在工作上、学习上、生活上帮助父母，这就需要父母有一双发现的眼睛，愿意去观察孩子的长处。

蒙老师心语

孩子是一个变量，随着时间和空间的变化，他也会产生变化，父母不能在一个点上看孩子，也不能在一个面上看孩子。如果父母对孩子的判断和孩子对自己的判断产生冲突，那么父母就要反省，看看是否有遗漏的信息，及时补充，完善孩子的形象特征。

教训孩子时要就事论事

一些喜欢唠叨的父母，或者喜欢秋后算账的父母，在教训孩子的时候，总是会列出无数条孩子的错误和缺点，企图让孩子深刻认识自己。这么做，会让孩子产生强烈的抵触情绪。

前年，孩子偷了姥姥一块布，现在，一直是姥姥身边的生活助手，那么你会一直盯着那块布看吗？不会吧。道理你懂，但你不一定能做到。

我认识一个妈妈，她是一个典型的唠叨母亲。我记得有一次她在唠叨自己的儿子时，小语恰好全部听到了，回家后她跟我说："她的前世是苍蝇吗？"

我其实也因为唠叨被小语批评过，自然气不过，说："你们这些孩子，一点也不体谅做妈妈的那颗心。"

"瞧瞧，'你们'，这一竿子，又打死多少人啊？我不体谅你吗？我帮你做家务，在学习上也没有特别让你操过心，我也孝顺你们，孝顺奶奶、姥爷。你还想让我怎么样？"

"唠叨说起来难听，可是连孔子和孟子都在唠叨啊，在古代那不叫唠叨,那叫谆谆教导。"我强词夺理,自己都觉得说这话心虚。

"行了吧,妈,我知道。其实,有些道理我懂,你只需要说一遍就够了。你说多了,我就烦了。"

"我没有重复说话吧?我有一直说'小语,你上次橡皮丢了,上次橡皮丢了,上次橡皮丢了'吗?像卡带一样?"

"哈哈,你没有这样说,可你就和那个妈妈一样,会说'5月1日,你丢了一块橡皮;4月29日,你丢了一个红领巾;4月28日,你丢了一支铅笔'。反正有的没的,说一大堆,让我感觉鸡皮疙瘩都起来了。"

"那也是证据确凿啊。"

"是啊,可是你知不知道,我每次丢东西其实已经很懊恼了,你还要向我重复一大堆我以前的过错,甚至说着说着,还会说到我有一天偷懒,没有背诵英文;有一天和同学吵架,把墨水洒到了自己书上。"

"这线头好多啊,得倒一会儿吧。"我自我解嘲道。

"是啊,这要是线头,肯定得倒一会儿,可是你说我,都不用断句,一气呵成。"

听着小语如此控诉我,我也不禁汗颜。

父母通常对孩子犯错误的事记得很清楚,这其实是出于正向之心,希望随时修正孩子。但如果我们每次教训孩子,都把孩子的所有错误翻出来说一遍,那么孩子将什么也认识不到。

我小学时,班主任老师家中有事,教导主任代替他带我们班一个星期,这个星期,我们班过得特别压抑,每个人都觉得自己罪大恶极。

原来,教导主任特别擅长做思想工作,每天早晨,我们刚一见面,他就开始一通批评:

"小A,你每天这么邋遢,怎么能做好事呢?我原来有个学生,天天头不梳脸不洗就来上学,后来因为不讲卫生生病死了。你难道不想好好活着吗？"

"小B，你不能坐得端端正正的吗？我原来有个学生，学习特别好，但就因为姿势不端正，很早就近视了。结果高考的时候，他分数过了，却被他中意的大学给淘汰了，就因为他近视。这很严重，知道不？"

"小C，上课都这么半天了，你还在那里说话，你这样不遵守纪律，将来能有出息？"

"小D，我听你们老师说，你是你们班最麻烦的一个学生，我可告诉你，我不像你们班主任那样好说话，你要是这几天表现不好，我就'大刑伺候'。"

他上课的时候，也是夹心饭——课堂知识伴随着批评式思想教育：

"你看看你，这浓眉大眼的，一副贵气相，怎么连这么简单的问题都回答不上来呢？"

"你是一个女孩子，我那难听的话就不说了，相信你知道我要说啥吧？"

我们班主任回来后，他的一个感觉就是，班里的孩子一下子沉闷了不少。

在教育孩子的时候，不要使用一些讥讽的语言，诋毁孩子的人格，或者放大孩子的错误，以免伤害孩子的自尊，让孩子变得不知所措。

我有个同学曾经问过我这样一个问题："为什么我儿子学习成绩倒数，但他却一点羞耻感都没有呢？"

我是这样回答他的："你在想什么呢？为什么一定要让你的孩子有羞耻感？"

"没有羞耻感，他就没有动力啊！脸皮厚了，也就没有上进心了。"

"你说得没错，孩子是应该有一些羞耻感，这样会帮助孩子规避一些错误，或者是消极的东西。"

"所以，我要把他的成绩单贴在墙上，写上'倒数第一名'。"我的同学信誓旦旦。

"听我的，千万别这么做，这样的确会让他产生羞耻感，但是如果你找不到孩子成绩下滑的原因，并帮助他改正，你给他营造的这种羞耻感只会起副作用。因为他会有一种无力感，而羞耻感加上无力感，会让他变得自卑，最后自暴自弃。"

当孩子在某些方面差强人意时，父母要做的是帮助孩子寻找原因、进行修正、完善，而不是通过刺激孩子的羞耻感，来使孩子获得上进心。

蒙老师心语

任何孩子都有缺陷，任何孩子都会犯错，在看待孩子的错误时，父母一定要就事论事，不要引申发挥，唠唠叨叨，对孩子进行过度批评，或者对孩子的错误进行深度挖掘，刺激他的羞耻感。这只会伤害孩子的自尊，让他无法全面看待自己，无法找到修正自己的力量。

与孩子诚实坦率地交谈

和孩子交流到底是为了什么呢？很多父母没有弄清这个问题，他们认为交流就是为了摸准孩子的脉，然后对症下药，进行教育。其实交流可以为教育，但更应该为交心。

为什么孩子稍大一点，心里话就很少说给父母听了呢？其实，孩子也知道父母很疼他，为了他愿意付出一切，但因为父母长期扮演的角色是权威的教育者，他自然有一种"伴君如伴虎"的感觉，不能和父母完全交心。

小语刚迷上摇滚乐的时候，我是极力反对的，我那时候比较狭隘，总觉得摇滚乐是一种不安定的音乐，也有一点点颓废的感觉，不适合孩子听。

我用了一个母亲的权威，不允许小语买摇滚乐光盘，不许她听摇滚乐，不许她参加有关摇滚乐的活动。

正处于痴迷状态的小语哪里肯听我的话，和我产生了激烈的摩擦。为了让自己的音乐"事业"（小语语）不受我的阻碍，她发动了我的堂哥、陶京、一些学校老师的力量,来说服我。

我不是死脑筋,慢慢也就接受了摇滚乐,但是对于小语摇头晃脑唱歌的样子,还是很反感。尽管我没有说,但我皱起的眉头已经告诉了小语,我不喜欢摇滚。

有一天,我们吃饭的时候,小语问:"你是春天里的花朵,长在了秋天里,为什么没有人告诉你?这个迷失的季节。"

陶京马上回答:"别生气,也别着急,我刚刚见到你。你是冬天里的花朵,长在我的心里。"

我迷惑地看着这爷儿俩,问道:"你们在说什么?"

"没说什么。"小语不理我。

我只好装作没有听见,继续吃饭。

过了一会儿,小语忽然又对陶京说:"你的视野开阔,而我的窄。你别接。"

陶京笑了,没有说话。我更加迷惑了,又问:"你们到底在干什么?"

"跟你说了你也不懂,咱们就没共同语言。"小语故意气我。说完之后,她就把饭碗撂下,走了。

我问陶京怎么回事,陶京说:"没事,就是摇滚乐歌词,她想唱了,可又不敢唱。你呀,别那么逼她了。你忘了咱们那时候有首歌,'我想唱歌可不敢唱,小声哼哼还得东张西望'?咱们经历了这些逼迫,就别逼孩子了。"

孩子很敏感,一旦发现你对他喜欢的事情不感冒,甚至有抵触情绪,那么即使你向他表明你可以接受,他也还是不敢和你畅谈。

我有个学生,叫裴星云,上高中的时候喜欢上一个男孩子,她的妈妈不知道怎么察觉出了她的这一思想动态,就每天给她敲边鼓,让她非常烦恼。

裴星云就给我写信说:"老师,我知道这不好,可是我控制不了自己。我妈妈现在好像知道了,她天天说一些话,让我特别受不了。"

我和裴星云的妈妈关系很不错,虽然裴星云离开我所在的学校后,我们的交流少了,但我觉得我还能和她说上话。

因此,我给裴星云的妈妈打了电话。我兜兜转转地说了很多,并以小语为例,说对于青春期的孩子,要多和她交流,而不是多给她限制。

我早就该想到,这番话只会让裴星云的妈妈疑心更重,但当时我急于帮助裴星云,希望她妈妈能多和她沟通。

果然,不久我就接到了裴星云的电话,她带着哭腔埋怨我:"老师啊,您这是帮倒忙啊。我妈说了,你们以前的老师都说,母女俩要多沟通才好。她现在每天都逼着我跟她说话。我不说,她就说:'难道我养了你这么多年,让你陪我说话都不行吗?'真烦啊。"

我一听,后悔不迭,不过既然问题已经出现了,我就不能逃避。我直接找到了裴星云的妈妈,跟她摊牌说:"孩子现在进入青春期,会有很多迷惑,她希望帮她解决的,是她的妈妈。但是你强逼着孩子说,孩子肯定不会说的。因为她知道,不管她说啥,等着她的都是一通教训,既然如此,她为什么还要说呢?"

我开诚布公地说了我和小语之间的沟通,裴星云的妈妈慢慢理解了我的意思。

孩子小时,啥都愿意跟父母说,只是父母习惯于教育孩子,无论跟孩子说什么,都难免带着教育口吻。结果孩子产生厌倦,就不再和父母沟通了。最后,越是敏感的事,他就越不说。

有一次,奶奶在回家的路上看到小语和一个男孩子在一起,她很担心,就加快了脚步,但还是没有追上小语。

一进家门,奶奶就过去揪住小语的衣服,气喘吁吁地问道:"你说,刚才和你说话的男孩子是谁?"

奶奶向来疼爱小语、小松,甚至没有对他们说过重话,因此,她的这一举动震惊了所有人,小语更是诧异不已。她把自己的衣服从奶奶手里拽出来,说:"不知道你在说什么。"

"我刚才明明看见你和一个男孩子在一起,你当我没看见?"

"我又没说不是,他是我们班同学。难道我和男生一起走也不行啊?看你这样子,我好像犯了滔天大罪似的。"

"就是。你这么大一个女孩子,得和男生保持距离。"

"奶奶您这是封建老思想,是传播封建思想的毒瘤。"小语说重了。

"你说我是毒瘤?你说我是毒瘤?我是毒瘤,给你们生养了这么优秀的父亲,我是毒瘤,把你们健健康康地带这么大?"

说着说着,奶奶就哭了起来。我连忙过去劝解,作势打了小语一下。小语吐了下舌头走开了,她悄悄地说:"以后啥也不敢跟奶奶说了。"

孩子有孩子的世界,如果我们的思想跟不上,那就得补上。如果我们补不上,只是一味用老思想,或是走感情戏,那么就会和孩子产生隔膜,孩子再不会向我们表达任何想法了。

蒙老师心语

不能了解孩子的内心世界,就不能全面掌握孩子的情况。这个道理很多父母都懂,所以为了全面掌握孩子的情况,他们会不惜一切代价,强行去撬孩子的嘴,结果伤了孩子的感情,孩子就更不愿意和父母进行沟通,也更不愿意在父母面前表现完整的自己了。

引导孩子正确理解事物

生活是由点滴组成的，孩子也在点滴的生活中得到启示，慢慢领悟或对或错的生活哲学。一旦发现孩子的理解是错的，就要纠正孩子，这样，他才能形成正向的人格。

虽然我们说不要用点滴拼凑孩子，但是孩子的点滴，我们都不能放过。刘备曾经说过：不以善小而不为，不以恶小而为之。

那年暑假，小语一个人在我的一个堂弟家度过。暑假虽然不是农忙季节，但是地里也有很多活儿。虽然堂弟一家不想让小语受苦，但小语不愿意一个人待在家里，因此，她也体会了一些农活的艰辛。

回来后，我们问小语："农村生活感觉如何？"

"好极了，寒假还去。"

看到小语如此喜欢农村，我心里还很欣慰；再加上堂弟来电话，也大赞小语，说她懂事，还帮他们做了一些农活，我心里更高兴。我认为这个孩子能吃得了苦，也就能成得了事。

但是有一天，我和小语正在做一个游戏（我忘了是做什么游戏了）

时，她忽然大叫道："我讨厌农村，我讨厌农活！"

我大吃一惊，这才发现农村生活的苦让小语极为反感。我当时就很气愤，可是小语看到我的脸色，马上说："行了，我错了。"

我又是一愣，问道："为什么说你错了？"

"你以前不是教训过我，说我不要忘了本，你就是农村来的，还说小孩子就要吃点苦头，以后才能更懂生活？"

"哦，我不是想说这个。"

"那你想说啥？"

"我是想说，你觉得农村苦，这也正常啊，为啥你回来还说很好，寒假还要去呢？"

"还不是怕你说我啊！"

"哦，你要是不说这话，我可能真会说你，不过我现在改变主意了。我接受你的这些感觉，也许你现在还无法体会我说的'不吃苦不知甜'的道理。"

"我知道，我回家后吃的每顿饭都很香。"

"我是说，你不知道我现在为什么羡慕田园生活。"

"你还羡慕田园生活啊？"

"对啊，最接近自然，人最自由。"

"人也最累，最笨，只能面朝黄土背朝天。"

"不，我有时候想，高科技带给人的不是进步，而是退步。"

"谬论。"

"高科技多了，人就变得脆弱、懒惰。就比如电梯吧，有了电梯，没有几个人爬楼梯，可是人就会变得体弱多病。"

"哦。我慢慢理解吧，现在消化不了。"

人本性是趋乐避苦的，孩子自然也会如此。父母要随时纠正孩子的这种思想，让孩子能接受一些吃苦的教育。但教育孩子时，要视孩子的接受情况而定，不要强迫孩子。

小语进入青春期的第二年，她忽然对自己的容貌自卑起来，一照镜子就会变得沮丧，不照镜子又受不了。

陶京很快就发现了小语的这个变化，他每天都会夸赞小语，说："我的闺女大了，真是女大十八变，越变越好看。"

尽管是夸赞的好话，但小语能不能接受，也得视她的心情而定。如果心情不好，她就会认为这是讽刺；如果心情好，她就认为这是事实。

那天，陶京见小语心情好，又这样夸了一句。小语半天没有言语。我和陶京都紧张地看着她，等着她的喜或怒突然爆发。

不料，小语并没有爆发，她只是幽幽地说："这个年头，美丽就是资本。"那语气十分深沉，根本就不像一个十几岁孩子说的话。

我不禁笑起来，问："你为什么这么说？"

"大家都这么说啊！你看那些明星，凭容貌就能一飞冲天，不漂亮的，也都赶紧去整容。"

我一下子意识到问题的严重，连忙严肃地说："你希望凭借容貌来生活？"

"我哪有那样的容貌啊？"小语显得极其沮丧。

"也许，美丽是一种资本。可是你知道，容貌可以凭外物来改变，比如整容，或者美容，但是能力却只能凭你自己来改变。不管你将来干什么，我希望你都不要过于看重容貌。"

"俗，又开始教育了。"小语懒洋洋地说。

"别认为你妈说的又是大道理，这对你很重要。即使以后你凭借容貌工作，现在也必须掌握好本领。你想，整容业这么发达，人人都可以整，那最后拼的，也不是容貌，而是真本事啊。"

"双重教育。不过我接受。"小语的声音有力多了，不那么消沉了。

处于青春期的孩子，会对容貌特别关注，此时父母要及时告诉孩子，容貌固然重要，但拥有真本事更能体现自己的人生价值，帮助孩子树立正确的人生观。

我有个学生，叫李向民，性格内向，学习成绩比较好。他的爸爸妈妈一直以他为骄傲。

但是有个学生说他偷了自己的东西，还找来父亲母亲，向李向民施加压力。在我的办公室里，李向民承认了偷窃的事。我感觉很纳闷，就决定和他聊聊。

我一边忙着自己手头的工作，一边说我自己的糗事，说我们家人在一起闹的笑话。开始，李向民低着头不说话，我也不看他。

渐渐地，他开始跟着我一起笑；然后，他抬起头看我；最后，他问我："老师，你为什么不批评我？"

"我觉得你有理由。"

李向民一下子就哭了，他说："是的，老师，因为那个学生经常偷我的东西，还在放学的路上打我。"

"我知道，你很委屈，是吗？"

"嗯。"

"可如果我们也学着他的做法那样做，你觉得我们是不是也变坏了？"

"嗯，老师，我知道错了。"

"你之所以做错，是因为你的想法错了，以后不要再这样想了。"

"嗯。知道了。"

当孩子遇到委屈和麻烦时，他无法找到有效的解决方法，就会采取极端的手段。此时父母对孩子进行教育时，要看到孩子的正向心理，不要羞辱谩骂孩子，以免适得其反。

蒙老师心语

孩子毕竟是稚嫩的,他无法全面而清晰地理解和解决周边的事情或者矛盾。一个错误的理解,就可能演化为一种错误的思想,并可能进而引发一连串错误的行为。所以,当孩子对某些事情产生错误的理解时,父母要及时纠正孩子的思想,引导孩子走上正确的道路。

关注孩子的细节变化

如果父母观察足够仔细、对人生的理解足够正确，那么孩子的一切坏思想、坏行为的萌芽，都会被扼杀在摇篮里。

每一时、每一刻，甚至每一秒，孩子都在发生着变化。这是因为他是移动的个体，也是成长的个体，作为父母，一定要及时掌握孩子的动态，尤其是心理动态。

虽然在青春期的教育上，裴星云的妈妈有些错误的思想，但是她对孩子的观察入微，却值得我们每一个家长学习。我和裴星云的妈妈聊天时，她跟我说："我有好几个评价表，其中一个表，是孩子的表情表。每天，我都会把孩子进门那一刻的表情记录下来。"

我大为惊叹："不会吧，你这么细心啊？"

"是啊，你看。"

裴星云的妈妈说着，就拿出了她特制的那个表情表。这只是一些普通的方格，但每个方格里都有两项内容：一、一个小表情，就像QQ表情那样；二、分析。

比如：4月22日，裴星云的妈妈画了一个悲伤的表情，旁边的分析这样写道："她不愿意说话，吃饭的时候也低着头，我确定她遇到了让她难过的事情。"

5月1日，表情是一个笑脸，旁边的分析写道："她的脚步都是轻快的，一进门，就给了我一个吻，哦，让我觉得心情一下子愉快起来。"

最有意思的是，裴星云的妈妈给我出示了一个表示裴星云喜欢上男孩子的那段时间的表情表：

6月1日，表情是一个笑脸，一个苦瓜脸，分析写道："她一会儿唱歌，一会儿沉思，一会儿又去照镜子，典型的思春表现。"

6月2日，表情是一个笑脸，分析写道："她一直面带微笑，还问我，我和她爸爸的恋爱过程。"

6月3日，表情是一个长长的脸，脸的上方有几滴水，似乎是眼泪，分析写道："她一直拖着腮沉思，连做作业都心不在焉，我进门给她送水，她居然都没有发现。"

……

看完后，我啧啧称赞。

我们当然没有时间也没有精力把孩子的每一个表情、每一个动作都记录下来，但是至少，我们每天都要看看孩子的表情，想想他心里会想的问题。

陶琳曾经问过我一个问题："进入青春期的时候，你的父亲是怎么帮助你的？""他没有跟我说什么啊，他就是让我三姑告诉我怎么怎么做。我三姑还笑话他来着，说他太封建，这事可以直接和孩子说的。"

"哦，那看来你爸蛮细心的，就是不善表达。"

"你想要跟我说什么？你不会绕了半天就是想要赞扬我爸吧？"

"也是，也不是。你爸那人我当然很敬服。不过我说的这个人，你听了，肯定会更敬服。"

"你说说，我听听。"

"这个人呢，也是很早丧妻，一个人抚养女儿的，可是女儿十一岁的时候，他忽然得了重病，马上就要离开人世。"

"悲剧啊。"

"你听嘛。那个父亲感觉自己不行了，在他状态好的时候，就对孩子说：'你要开始准备卫生棉，在商店里就能买到，因为你马上就会来月经了；你要开始准备女性内衣，因为你的身体马上就会起变化了——'"

"My——"

"他还说：'月经来的时候，你少用凉水，不要洗澡，不要穿紧身裤，内衣也不要太紧，如果你不知道选择什么样的，可以请你的女同学帮你，她们都不会拒绝你——'"

"这个女孩子这个时候听到这样的事——"

"是，其实这也是最让人震撼的地方。她害羞，也悲伤，还有点绝望，却绝对会认真听。"

关于青春期，父母要早一点给孩子提示。父母和异性孩子在关于一些敏感话题的交流时，会有一些障碍，但是这并不能成为父母不去观察孩子、帮助孩子的借口。

有一段时间，小松一直和我们比手指长短。我和小语的手指都没有他的长，只有陶京的手大一些，他就每天都和陶京比。比完后，闭上眼睛默念一会儿，然后再比。陶京觉得这不寻常，因为小松比小语马虎，他从来不在这些细节上多费功夫。

那天早晨吃饭的时候，陶京忽然问小松："饭前，你要不要和我比比手指长度？"

"啊？吃一顿饭，手指会长吗？"小松问道。

"试试看嘛。"

小松马上就和陶京比了比,还是比他短一点。但小松似乎并不沮丧,他放下手,就开始吃饭。那顿饭,他吃得特别多。

一放下筷子,小松就要和陶京比。陶京当时还没有吃完饭,但小松等不及了。陶京没办法,只好和他比了比。没想到,结果是陶京和小松的手指居然差不多长。

我们都惊讶极了,小松哈哈大笑,说:"真灵,真灵,看来我的魔力长了。"

"什么魔力?"

"我练气功了,一个气功大师说,只要闭上眼睛,默念手指长长,就能长长。"

"你知道吗?我只是悄悄把手退后一点罢了。"陶京马上说。

"啊?"小松沮丧极了。

"我相信你说的意念,但你的意念还没有成熟,而且你也不会使用意念。所以,别痴迷这个意念了。"

孩子的某个举动,忽然和平时的行为不一样了,父母就要注意,用"成全法"发现孩子的内心世界,然后再对这个世界进行评价,给孩子一个正确的方向。

蒙老师心语

父母要做细心的观察员,孩子的点滴变化都是有原因的,如果父母不及时纠正,这些变化就可能会成为一种习惯,最后,由量变到质变,使孩子的人格出现偏差。在寻找原因时,父母要注意方式,不要给孩子压力,也不要伤害孩子的自尊。

第六章　帮助孩子扫除精神恐惧

恐惧是孩子潜能挖掘过程中最大的障碍，也是造成孩子心理阴影的主要外因。在孩子的成长过程中，随时都可能出现让孩子产生恐惧的场景，这就需要父母多注意孩子的心理变化，别让孩子的心理在恐惧阴暗的角落定格。帮孩子扫除恐惧其实很简单，一是锻炼孩子的勇气和自信，二是为孩子正确解读那些让他产生心理阴影的场景。

信念是孩子成长的支柱

你如果相信自己的孩子将来一定会大有作为,并且让孩子也相信这一点,那么总有一天,他真的会飞黄腾达,甚至做出让你惊讶的成绩来。

信念是孩子成长的支柱,对自己此生意义或者任务的超级信念,会成为指导孩子前进的最有效的动力,所以,父母在教育孩子的时候,一定要让孩子找到那个让他天下无敌的信念。

小松和陶京的"比手指事件"后,我的脑海里一直闪现着"意念"这个词。我跟陶京说:"如果你不打击小松,也许有一天,他真的能让自己的手指比你的长。"

"那还用说,他在不断长大,我在逐渐变老,总有一天他的手指会超过我的。"陶京不以为然。

"不是,我是说仅靠意念。"

"嘿嘿,怎么?你的心理学又给你什么新的概念了?"陶京不怀好意。

"咱俩打个赌,从今天以后,我每天都对他说一句话:'你的手指长度很快就会超过你爸爸的。'每天都对你说一句话:'你的手指长度很快就会被小松的超过。'"

"你想通过心理暗示？我都知道你的伎俩，恐怕对我不好使。"

"不信咱试试呗。"我挑衅道。

"行，谁怕谁？"

这之后，每天一家人坐在一起吃饭的时候，我都会对小松和陶京分别说上面的那两句话。

小松每次听后都很惊讶地看着我说："真的吗？"

陶京则依然淡定地笑着。

大约一个月后，那天吃饭，我对小松说："快点吃，吃完之后，你和你爸爸比比手指，我相信，你的手指肯定长长了不少。"

小松显得很兴奋，一边看着自己的手指，一边快速扒饭。

陶京只是冷淡地看着我和小松，小语在旁边说："爸爸，加油，你也多吃点，小松不会比上你的。"

吃完饭后，小松和陶京比了比手指，让陶京惊讶的是，小松的手指居然和他的差不多长了。这也就意味着，这一个月，小松的手指至少长了10毫米。

小松高兴坏了，说："妈，快告诉我，你给我吃了什么秘方？"

"心理秘方啊。"我故意慢腾腾地说，还白了陶京一眼。

陶京还是一副不相信事实的表情，他听我这样一说，就问："难道真的管用？"

"怎么回事？什么真的管用？什么是心理秘方？"小松和小语几乎同时问道。

我于是把一个月前我和陶京打赌的事告诉了两个孩子，他们听完后感叹不已。

小语说："看来心理的作用力太大了，它都能超过自然力。"

"我替你妈说了吧。你妈的意思是说，你们俩，不管做什么，只要永远相信自己能够做到、做好，那么什么障碍都拦不住你们。"

给孩子积极的心理暗示，让孩子永远相信自己能做事、能成事，那么无论以后遇到什么困难，他都不会被挫折打倒。

那一年，小松和陶京去学游泳。可能是小时候洗澡的时候被呛到过，小松一直很排斥游泳，他是被陶京硬拉着去的。临下水的时候，小松一直喊："不要！不要！"

旁边有人告诉陶京，不能这样硬逼着孩子下水，否则，他可能会产生恐惧，就更学不会了。陶京觉得有道理，只好陪着小松在游泳池边坐下。

怎么办呢？陶京想了想，对小松说："我第一次学游泳的时候，是被一个同学给踹进水里的——"

"哦，"小松皱了皱眉头，说，"那一定喝了不少水吧？"

"没有啊，那个孩子一直在岸边气我：'陶京，看你以后还和我作对不？'当然，这话我根本就没有听到，但是我心里是这样想的，我认为他一定会这样说。我就心里憋着这口气，想我一定要上岸，狠狠地揍你一顿。"

"啊，然后呢？"

"然后啊，我憋着气，手脚并用，在水里扑腾，结果我就学会了。"

"这么简单？"

"是，不信你试试。"

"不，你要把我踹进水里吗？"

"当然不，我觉得你自己愿意下水，而且一下去就能学会。"

听了这话，小松果然跟着陶京下水了，尽管他依然有些忐忑，但他还是很快就和陶京学会了游泳。

孩子产生恐惧时，父母可以利用"现身说法"法，告诉孩子，那件事情没有什么可怕的，很容易就能被克服。注意，这时不要鲁莽地把孩子扔进那个恐惧中，否则孩子可能会受伤。

我上小学的时候，班级里几个活泼的女孩子组织了"胆量训练课"，其实就是盯着毛毛虫看。因为几乎所有的女生都害怕毛毛虫。

榆树上有很多毛毛虫，它们难看极了，即使它们一动不动，看它们一眼，也足以让你起一身鸡皮疙瘩。但是此次练习，我们规定，必须盯着一只毛毛虫看十分钟，它爬也得跟着它。

我们进行了分组，还规定了奖励和惩罚的方法。

刚开始看的时候，我心里不知道翻了几个个儿，感觉胳膊上的汗毛都竖起来了，头皮也紧紧的。但我想，其实毛毛虫就是蝴蝶嘛，难道我不喜欢蝴蝶吗？

我看的是毛毛虫，想的是蝴蝶。结果，我持续的时间最长。而且，据评审者说，我的表情一点都不恐惧。

很多事情本身没有什么伤害性，之所以会让人产生恐惧，是人的大脑会讨厌它的外形，或者通过联想把它归类为令人恐惧的事物。实际上如果我们想到它的美好，那么就不会再恐惧了。

蒙老师心语

当孩子为自己设限的时候，是对自己不自信，对所面对的事物有一种恐惧感。这就需要父母做两方面的功课：一方面，让孩子自信起来；另一方面，还要让孩子正确认识所面对的事物，戳破它在孩子脑海里那个恐怖的幻想，并给这件事物罩上一件美丽的可接近的外衣。

帮助孩子去除内心的恐惧

那些长期接受负面信息评价的孩子，他的内心会对自己有一种恐慌感，会对自己的未来产生迷茫，他会选择自暴自弃来应对当下的情况。

没有一个孩子是无能的，生如舟舟，尚在世界乐坛有一席之地，何况我们这些正常的孩子呢？如果某个孩子显得无能，只能说明他被内心的恐惧感和无力感给攥住了。

我同事水兰的班级有"四大才子"：韦俊彪、鲍和仁、蓝生辉，还有一个洪金回。"四大才子"是他们自己开的公司的名字，也是他们给自己起的绰号。

说是"四大才子"，实际上是四大"淘子"，哪回惹是生非都少不了他们，自然成了管纪律的副校长的座上常客。

副校长的一句话已经成了全校皆知的名言，她说："'四大才子'，就是四大蠢材，什么都做不了，只会捣蛋。"

在副校长的镇压下，"四大才子"变得灰溜溜的。

开班会时，水兰问"四大才子"关于班级和学习的想法，他们也会说:"别问我们,我们是四大'蠢子'。"

水兰极为难过,她拍着桌子喊道:"有人说你们是四大蠢材,于是,你们就心甘情愿用愚蠢来为这个绰号做标准,是吗?!"

韦俊彪很无奈地说:"老师,您就别再管我们了,反正我们是黑名单上的人,在班级里喝口水都是罪过。"

"韦俊彪,我真瞧不起你,你们还'四大才子'呢?就这点胆子?就没有人敢突破自己,做出让人刮目相看的事情来吗?"

"我们现在不是每天都被人'刮目相看'吗?"洪金回嘟嘟囔囔地说。

全班同学都笑了,"四大才子"显得很淡漠。水兰又大声喊道:"我就不信,我的'四大才子'就没有一点才华。韦俊彪,你跟我说,你怕什么?"

"我什么也不怕。我都是四大'蠢子'了,我还怕什么?"

"既然如此,那你就给我做出点事情来,让我看看你们'四大才子'的才华。"

虽然四个孩子还是有些犹豫,但水兰不断重复的这些话,还是给了他们力量。

当孩子因为被一些消极评价影响,对美好的未来产生恐惧,并自暴自弃时,父母可以用激将法,让孩子能放手一搏。

我有个学生,叫石俊美,自小就练习钢琴,尽管付出不少汗水,可是她总是训练班里学得最慢、最差的一个,因此,她极端排斥学钢琴。

石俊美的妈妈看她如此,就决定让她放弃钢琴,学一些她愿意学习的东西。

但音乐老师张晓菲却认为石俊美很有音乐天赋,说她对音律很有感觉。而且,据说,石俊美第一次拿起口琴来,就能吹出一首曲子。

石俊美的妈妈听了张晓菲的评价后,产生了疑惑,她问张晓菲这是怎么回事，张晓菲说："可能是钢琴教学方式有点不适合石俊美。"

石俊美的妈妈按照张晓菲的思路，询问石俊美："你觉得钢琴最让你讨厌的地方是哪里？老师给你压力最大的地方是哪里？"

"我现在看到钢琴就讨厌，老师给我最大压力的地方是，我还没有熟练，他就让我表演。"

石俊美的妈妈知道了问题的症结，于是，马上就为石俊美换了一个钢琴老师。这个老师并不比原来的老师水平高，但他的教学特别随性，他总是会在石俊美高兴的时候让她弹琴。

很快，石俊美就重新对钢琴产生了浓厚的兴趣。

孩子在学习某事时，会因为学习方式不对而产生挫败感，此挫败感会让她对这种学习产生恐惧，如果父母能帮助孩子改变学习方式，那么她的恐惧就会自然消失。

我小时候特别害怕上台演讲，但我学习成绩好，经常被老师点名。而我一上台，肯定会出丑，不是大脑一片空白，什么都说不出来，就是磕磕绊绊，无法清晰表达。

一次，两次，老师就不再强我所难了。而我的心情会变得极为复杂，会因为被忽略而特别难过，会对演讲更加恐惧，又会迫不及待地想要上去讲。

长期被忽略后，我就开始自暴自弃，不再认为自己能演讲。

那年，我上六年级，我的班主任是新调来的，他第一堂课就要同学们进行五分钟的自我演讲，他说是为了互相认识一下。

因为同学们都说，而且只是简单地说两句，我没有什么心理负担，讲得就非常自然。而他就特别奖励了我，说我是讲得最好的。

我听了那句话，开始觉得是骗人的，可是那一天我一直在回味，甚至晚上睡觉的时候也在想。

第二天上课的时候，老师又叫了几个人，简单讲述一下自己学习语文的方法，而我又是其中之一。学习方法很简单，我就像唠家常一样和同学们分享了我的方法。

这一次，老师又特别表扬了我。

不久后的一天，我开始了真正的演讲，我发现我居然不再恐惧了。尽管我讲得还不是很流畅，但老师夸我演讲的内容很有深度，这让我格外自信。

当孩子屡次做不好某事时，会对这件事产生恐惧，此时，父母要能通过迂回战术，让这件事的难度不正面显示，让孩子迂回接近这件事，那么孩子的恐惧就会消失。

蒙老师心语

孩子之所以会自暴自弃，是因为他对自己产生了怀疑，尤其是对自己的能力产生了不信任。如果这种怀疑是可靠的，那么父母要帮助孩子提升他的技能，改变学习方法。如果这种怀疑只是因为受了外界负面评价的影响，那么父母就要用正面评价给孩子"洗脑"。

宽容孩子的无心之错

面对孩子的非故意过错,其实父母可以置之不理。但有些父母认为这是纵容和疏忽,依然不分青红皂白地给予严肃批评,这会使孩子形成胆怯、叛逆等不良心理。

所谓非故意过错,是指那些由于心不在焉或者经验不足而犯的错误,这是孩子的无心之错,只要不涉及做人的原则问题,那么就不要过于为难孩子。

陶京的一个商业伙伴老李,脾气暴躁。他的儿子有严重的口吃,老李去了很多家医院,请了很多专科医生、心理医生,都没有治好儿子的病。

有一次我们到一家餐厅吃饭,在门口看到老李的这个儿子正在和一个比他小点儿的孩子聊天。他们似乎在聊学校的一场足球赛。

让我和陶京惊讶的是,这个孩子的口吃几乎听不出来,只是偶尔会在某个词上打转,但不仔细听,根本就发现不了。我们以为这个孩子的口吃肯定是治愈了。

老李和媳妇也在这家餐厅吃饭,我们过去和他们打了招呼,陶京马上夸赞道:"我发现你儿子还挺能说的。"

"能说什么?他那口吃那么严重。"老李显得有些沮丧。

"没有啊,我们刚才在门口听他讲述一场足球赛,都快赶上黄健翔了。"陶京说。

"怎么会呢?"老李根本就不相信。

这时候,老李的儿子已经回到座位上了,老李的媳妇马上板着脸说:"你又去哪里了?怎么总也见不到你的人啊?"

"我……我……我……去……去……和朋友聊天了。"老李的儿子又结巴起来。

我和陶京惊讶地互相看了对方一眼。我又看了看老李的儿子,他正在父亲的催逼下,结结巴巴地跟我们打招呼。

就在儿子打招呼的时候,老李的眉头皱成了一个大疙瘩,还不停地催促说:"你急什么?你急什么?快点说呀!"

我不由得笑了,说:"老李,你怎么能一边让孩子别急,一边又让孩子快点说呢?"

老李忽然意识到自己话里的漏洞,他也笑了。

"我问一下,这孩子结巴是不是学来的?"

"是啊,那时候大概是四岁吧,他在商店里听到一个结巴说话,回来就开始学。"

"老李为此狠狠揍了他一顿,让他别学。"

"可他不知道为什么,就是偷着学,结果就学会了,再也改不掉了。"

"我有个方法可以帮他治好。就怕你不听我的。"

"听,怎么不听?"老李和媳妇几乎同时说。

"你们俩别老忙于工作,多陪陪孩子,多和孩子交流,多鼓励鼓励孩子,他慢慢就会好的。"

"就这么简单?"

"对。"

当孩子由于经验不足而犯错时，父母要向孩子解释这个错误，不要不由分说就用暴力。这样，孩子根本就不理解，还会继续犯错，而父母的批评越严肃，他犯错就越多。

小区里有个男孩子，八岁了还尿床，他的妈妈觉得很丢脸，经常批评他，甚至在看到脏脏的床单时，还会揍他两巴掌。虽然不疼，但对孩子的打击非常大。妈妈骂得越凶，他尿床就越严重。

这个男孩子的爸爸是一个军人，时常不在家。终于有一天，孩子的爸爸转业回来，孩子兴奋极了，一直缠着爸爸，晚上也要跟爸爸一起睡。这个爸爸在部队里学过心理学，他听妈妈说了这事后，知道孩子是心里有恐惧，于是就决定为他治疗。治疗的第一步就是陪着孩子一起睡。

一晚上，爸爸都紧紧搂着孩子。可第二天早晨起床时，爸爸还是发现孩子尿床了。他没有吭声，而是故意把床单揉皱，不让孩子看到。

这个爸爸就这样陪孩子睡了一个月。在这个月里，除了第一天，孩子再也没有尿过床。

孩子尿床，不是生理问题，就是心理问题。不要无端责怪孩子，因为这由不得孩子自己，而且，你越批评，孩子的问题越严重。如果你能给孩子多一点关爱，孩子马上就会不治而愈。

马上就要过元旦了，小语所在班想要把教室弄得漂亮一点。小语自告奋勇，帮助班级买墙贴。可是大家在贴墙贴时，发现小语买的墙贴有一张是半张，另半张不知去向。

大家纷纷表示不满：

"你怎么搞的，连墙贴都买不好吗？"

"是不是你贪污了班费，钱不够了，只好买半张？"

小语很委屈，回家后就跟奶奶说了这事，奶奶当时信口说道："你这丫头就是马马虎虎的，人家说你，一点也不多。"

小语一听大哭起来，一边哭一边还击奶奶："我就知道，在你的眼里，我就是个白痴，我什么都做不好。哼，这要是小松，你肯定不会说他。你就是偏心。"

陶京回来后，小语又把这些事讲给陶京听，她一边说一边还忐忑地问他："我真的是个白痴吗？"

"当然不是了，我机灵古怪的小丫头怎么会是白痴呢？"

当孩子连续因为某个非故意过错而受打击时，他就会产生恐惧心理，但他还会在父母那里找最后的自信依据，如果父母给他，他的恐惧就会消失；反之，恐惧就会加剧。

蒙老师心语

大人都有非故意过错，何况孩子呢？在对待孩子的非故意过错时，父母要采取宽容的态度，认真分析孩子产生错误的原因，把一件不好的事情，用幽默、轻松的方式给孩子解读，让孩子明白自己的错误，同时，也可以避免孩子产生心理负担。

让孩子尝一点成功的滋味

对于一点自信都没有的孩子,必须给他一点成功的滋味尝尝,让他知道自己也是有能力和前途的,这样,他的奋斗激情才能被激发。

孩子的成长动力,是在一点点进步获得的成就感中得到的。如果孩子在做某件事时,总是以失败收场,那么他可能永远都做不好这件事。

还说韦俊彪等"四大才子",尽管水兰不停鼓励,但副校长的打击还是时常回荡在耳边,因此,他们一直处于一种吊儿郎当的状态中,不能进步。

那年运动会,水兰对"四大才子"说:"这次运动会,老师可就指望你们了。"

"四大才子"都是运动健将,水兰这样说,同学们自然没有异议。

韦俊彪听了这话,冷笑道:"可是校长骂我们是四大蠢材啊。"

"说心里话,你们的才华我们心里都有数。"一个孩子马上说。

"怎么讲?"鲍和仁不冷不热地说。

"我听人说,'四大才子'的公司决定让咱们这次的运动会变得特别火热。"这个孩子说。

鲍和仁、蓝生辉、洪金回都看韦俊彪，水兰也很感兴趣，她说："我就说咱们'四大才子'不一般嘛，说来听听。"

韦俊彪犹豫了一会儿，终于告诉水兰，他们想向其他班级兜售一些缎带、腕带，上面有标语的那种，当然，是免费的，只有一个条件，那就是替自己的班级喊"加油"。

水兰一听，马上批准了，当然，她心里也比较忐忑，不知道这算不算犯规。水兰告诉韦俊彪，不许把缎带兜售给和他们的比赛项目有冲突的班级。

结果，这一次的运动会，水兰班里的学生由于受到学校里众多班级的鼓励，取得了优异的成绩，韦俊彪连破三项纪录。

这之后，"四大才子"成了同学们眼中的英雄，他们四人也变得自信起来，惹是生非的次数也少了很多。

任何孩子都是可塑之才，如果他表现得很普通，甚至很让人头疼，那是你还没有发现他潜在的能力罢了。

奶奶很会绣花，我家厨房的门帘，就是奶奶绣的山水百合。

有一段时间，小语迷上了绣花，非要跟着奶奶一起绣。奶奶怕小语没有耐性，就不愿意教她，但架不住小语软磨硬泡，最后还是答应了她，让她绣一条发带。

奶奶让小语在发带上画了几个简单的花朵，然后开始教小语方法。其实说起来挺简单的，只要把绷子绷好，然后让针线按部就班地穿梭就可以了。

可是在绣花的过程中，小语的针线松紧老是把握不好，不是过松，就是过紧，这样，她绣出来的花成了四不像。

小语看着那些堆积在一起的、丑陋的线，气得把绷子扔到一边，不愿意继续做了。奶奶看到了，就把自己正在绣的一块布递给小语，让她把一个红苹果绣上去。

这个相对来说简单一点，沮丧的小语马上就掌握了规律，她的针线慢慢快了起来，她一边绣，还一边说："奶奶，你说，这是不是就是评书里说的上下翻飞啊？"

"什么上下翻飞？我记着上下翻飞不是说练武的吗？"

"呵呵，是吗？我是说，我觉得我能绣好了。"

一开始，就给孩子一个大难题，那他肯定会产生挫败感和无力感，不敢继续挑战。只有从简单开始，循序渐进，他才会有足够的自信坚持到底。

有一年，我父亲买了一个理发的推子，要我在家里给他剪头发。我那时候大概十几岁，刚能把自己的小辫梳妥，哪里敢去拿推子？我父亲说没事，大不了剃光头呗。

那个年代，农村里的很多人都在家里剪头发，工具就是做针线活用的剪刀，而理发师大都是一些家庭主妇。其中不乏一些会裁衣服不会剪头发的人，剪出来的头就被人称为"狗啃的"。

我想，我再差，也不过就是落个"狗啃的"说法，也没啥大不了的。但我还是不敢直接拿推子推我父亲的头发。

我找来一把废旧的刷子做实验，练了一星期后，那把刷子的毛已经全部被我消灭，这才开始给我父亲推头。

我不敢深入头发里推，只是把推子放平，让它和头发的高度保持一致，其实也就是削了一点头发尖。有那么几回，我甚至看不到有头发掉下来。

就这样，我让推子在父亲的头上转了一圈就结束了。父亲在镜子里左右端详了自己一番，马上说："不错，不错。"

之后，我就成了村里的一个非专业理发师了。

当孩子第一次做某事时，别给孩子压力，可以让孩子先空手练习，并不断在脑海里重复这个练习过程，熟练后，他在进行实际操作时，就会变得容易多了。

蒙老师心语

一次成功虽然不能治愈孩子长久的恐惧，但它却比心理暗示、外人鼓励都有效得多。所以，对于那些处于失败中的孩子，父母要给孩子制造成功的机会，而且要持续不断地给孩子成功的刺激，这样有助于他稳固自己的信心，有助于他激发自己的潜能。

受伤的孩子需要心理按摩

谁都不想让孩子遭遇变故，但我们左右不了命运。我们唯一能做的，就是补救，对受伤的孩子进行心理按摩，让他不再软弱。

孩子的潜能挖掘必须在安全感充足的情况下进行，这样才会有很好的效果。孩子一旦遭遇变故，会因恐惧而变得软弱，唯一能帮助他的，就是爱和关怀。

我妈妈在我五岁那年就去世了，那时候，我根本不懂什么是死亡，我只是看到一群人到我家里来，然后，我爸爸就让我三姑把我抱到她家里去了。

几天后回来，我看不见妈妈，就问爸爸："妈妈呢？"爸爸总是说："出门了。"

我那时候对妈妈很有意见，因此，三姑来了，还对她说："我妈妈不好，出门这么久，都不愿意回来看看我。"

三姑一听，就瞪了我爸爸一眼，说："你咋不告诉孩子呢？她早晚不得知道吗？芷怡啊，我告诉你，你妈妈死了，再也不回来了。"

"死了是什么？"

"你没看见那天那么多人来你家吗？你没看见那口棺材吗？"

爸爸一直在旁边打岔，但我还是听到了三姑的这两句话。现在想来，我根本就不记得我爸爸当时是用什么话打的岔。由此可见，三姑这些话在我心里引起的恐惧有多大。

这之后很久，我不敢提妈妈，不敢听"死"，不敢说与"棺材"两字音近的词语。

好在我爸爸非常细心，他经常开导我说："你知道这个世界有天堂吗？你妈妈呀，现在在天堂里，我们看不见她，但是她能看见我们，只要你表现好，妈妈就会很开心。"

大概就是受爸爸的"天堂思想"影响，我在十岁左右，接触另一件死亡事件时，才会那么淡定，才会跟那个和我一样失去亲人的小孩说："没关系，他只是去了天堂。"

面对亲人的死亡，孩子是难以接受的。但孩子需要知道死亡的正解，这个正解不是永远消失，而是以某种方式存在，并能以一种特殊力量保护孩子。

汤优美是我的学生，我印象最深的不光是她，还有她的妈妈。她的妈妈，怎么说呢，有一点虎，不管跟谁说话，都是大嗓门，一副训人的派头。

据说，汤优美的妈妈就是去菜市场买菜，都会因为价钱不合适，或者其他的什么问题，而和人吵一架。

那天，汤优美的妈妈又和一个小贩吵了起来，还把人家的菜摊掀翻了。为了让所有的人都不去那个小贩家买菜，汤优美的妈妈拿着一条红围巾，一直站在门口做"义务宣传"。

那个小贩是个年轻小伙子，自然咽不下这口气。不知他通过什么渠道，打听到周二的时候，是汤优美的奶奶接孩子。

到了周二，那个小贩带上眼镜，打扮得斯斯文文的，埋伏在学校附近一个幽静的地方。汤优美和奶奶过来时，他说自己是汤优美一个同学的爸爸，有件事要问汤优美，让奶奶先走。

奶奶没有防备，就走了。结果那个小贩一下子掐住汤优美的脖子，恶狠狠地用刀背在汤优美的脸上划了好几道。

小贩做完这些就跑了，汤优美的妈妈知道后，第一反应就是找人算账，而不是安慰孩子，致使汤优美在很长时间内都变得神经兮兮的。

任何关系都可能是危险关系，有时候防不胜防。作为父母，我们要处理好自己与他人之间的关系。一旦孩子因此而受伤，我们要安慰孩子受伤的心，还要让孩子看到积极的关系。

我教过很多孩子，其中不乏像鲁迅那样家道中落的孩子。几乎每一个孩子，都会在很长一段时间内变得郁郁寡欢。但小虫是个例外。

小虫是他在日记里的自称。发生变故那年，他只有九岁。他的爸爸被人陷害，进了监狱，他家的所有财产都被没收了。小虫不得不和妈妈到很远的地方租房子住。

即使遭遇这样的变故，小虫的妈妈也没有在孩子面前流过泪（小虫在日记里是这样写的），她只是显得有些落寞。她对小虫说："妈妈很脆弱，你是男子汉，能保护妈妈吗？"

开始小虫还埋怨妈妈："我是小孩子啊，你怎么要我保护你呢？"

妈妈说："小孩子力量大啊。"

"谁说的？"

"你忘了吗？我生你的时候，做过一个胎梦，说你是一条世纪之龙，只有你能拯救整个世界，不过因为你能力强，所以上天肯定会剥夺你一些东西。"

"真的吗？你说咱们家没钱了，就是上天在剥夺我的东西吗？"

"对啊，如果它不剥夺你的一些东西，它是打不过你的。"

"呵呵，它怕我了。"

当在小虫的日记本中看到这样的故事时，我心里非常难过，但同时也对小虫的妈妈充满了敬佩。

其实，任何变故，都可以有一个美丽的解释。如果父母能在变故发生时，给孩子一个合理而美好的解释，那么孩子在面对变故时，就不会产生恐惧心理。

蒙老师心语

不同的孩子，面对不同的变故，会有不同的反应，我们不能一概而论。为了让孩子能更好地应对变故，我们要做好预防，增强孩子的适应能力和抗挫能力；同时，在孩子突然遭遇变故时，要给予孩子心理安慰。如果父母不知道怎么做，可以请专业的心理老师来指导。

第七章　为有弱点的孩子营造平衡感

　　任何孩子都有弱点和缺陷，从某种程度上说，弱点和缺陷更能体现出孩子的本性，更能反映孩子对于自己生命意义的解读方式。当然，弱点和缺陷带给孩子的，一定是挫败感、自卑感和无力感，这会影响孩子对生命的解读。作为父母，我们要让孩子在全面看待自己、满足自己优秀之处的同时，也能接受自己的不足，综合评价自己。

正面看待身体有残疾的孩子

身体的残疾对孩子和父母来说，都是一种折磨。但残疾的意义并不都是消极的，这就看父母怎么看待了。如果我们能摘掉有色眼镜，那么孩子就会从自身的痛苦中脱离出来。

阿德勒曾经说过，当亲密的人能使残疾儿童的注意力脱离自己的问题时，他就会对他人产生兴趣，进而能挖掘自身对于社会的贡献。但这并不容易。

为我们小区送奶的是一个双腿残疾的小伙子，每天很早，他就会坐着特制的车挨家挨户地送鲜奶。起得晚的人根本看不见他。

陶京认识他，因为陶京经常早起跑步。陶京跟谁都是自来熟，每次看见那个小伙子，就会跟他聊上两句。但没多久，陶京就说，再也不想和他说话了。

我问陶京怎么回事，他说："我就没见过这么消极的孩子，没说两句话，就开始骂骂咧咧，这也不对，那也不对。"

"都哪儿不对了？"

"国家的政策应该照顾他这样的残疾人,小区里喝奶的人应该多给一分钱,要知道,他多不容易,拖着两条残腿,为健全的人服务。"

"他也的确挺不容易的,不然我们就多给他点吧。"

"行吗?"

我也不知道行不行,但他上门收奶钱时,我多给了他一些钱,向他表示感谢。

谁知他一看就恼了,说:"我知道你是好心,我以前也希望遇到这样的事。但是我妈说了,我和正常人没什么两样,别人把我看成残疾人不要紧,如果我也把自己看成残疾人,那才糟糕呢。"

陶京听说这事后非常惊讶,之后,他又见过小伙子几次,也和他聊过天,他说:"他的话的确不敢恭维,但我看他的工作态度,那是没说的。"

社会对残疾孩子是不公平的,人们的蔑视、同情等,都会让身体的残疾成为孩子的心理负担。但父母一定要告诉孩子,不管别人怎么看,你一定不能把自己当成残疾人。

1977年,我们村里有好多孩子都得了小儿麻痹症,季雨峰就是其中之一。他是他们家唯一的男孩子,他的病对他的家人打击很大。

由于长期看到家人对待自己的态度,季雨峰渐渐意识到,自己是一个废物,不能挑起家里的大梁。

其实在所有孩子里,季雨峰的症状是最轻的,而且,他得的比较晚,早得的人把治疗经验都告诉了他的妈妈,所以,他治疗得非常及时、准确(村里其他孩子有延误的)。

季雨峰上学的时候,从来不上体育课。其实,季雨峰只是不能顺畅地跑,一跑起来左脚就有点跛,平时走路,他和正常人没什么两样。

体育老师一直鼓励他参加体育活动,但他总是以身体为由,严词拒绝。老师说得多了，他就说："你难道希望看到我一瘸一拐的样子吗？"

体育老师的一片好心，被他当成了驴肝肺，老师也就不再和他讲道理了。

这之后，季雨峰就变本加厉，只要下雨或者下雪，他连学校都不去，理由是走不了远路。

说到这里你肯定已经猜到了季雨峰的结果，没错，他现在不是农民，只是一个无业游民，一直待在家里，什么都不会做。

如果你把残疾孩子看成脆弱的孩子，一直强调他的弱点，那么孩子就会把自己当成弱者，一直依赖父母。

我有个朋友，她是心理咨询师，但其实她的听力很差，必须借助助听器才能听清别人的话语。

她做心理咨询已经很多年了，治愈的人不计其数。我一直好奇她是怎么跟人沟通的，因为就我和她沟通的经验，只要是听不清楚的事情，她就不插嘴，不再问。

我有个老乡，因为和丈夫离婚，生了一场大病，好了后一直郁郁不乐，我就带她去找我的这个朋友。

一进朋友的工作室，老乡就敏感地闻到鲜花的香味，不是那种浓郁的鲜花，只是淡淡的，似有若无的。

工作室的外间很窄，只能容下两张桌子，桌子的旁边有几盆叫不上名字的鲜花。

但里面的咨询室却非常宽敞，除了两张矮脚凳和一张桌子，什么都没有。

开始咨询时，我的朋友只说了一句："你很委屈！"她特别笃定，就像她们早就认识一样。我那个老乡一听这话，眼泪哗哗地流了下来，然后就开始"痛说家史"。

接下来，两个人唧唧喳喳的又笑又说，我完全成了局外人，几乎插不上话。很长一段时间后，我的老乡长舒了一口气，说："真好，遇到你真好。我感觉好多了。"

老乡走后，我问我的朋友："我怎么一点都感觉不到你听力有问题啊？"

她笑了，说："是啊，我以前因为听力不好，相当自卑，但是我爷爷告诉我说：天使要让你在某方面有特长，就会先夺去你的这个特长。"

"什么意思？"

"就是我能听到的，比你能听到的多得多。"

任何一种身体的缺陷都有正向力，比如眼睛看不见，耳朵会格外灵敏。当孩子为自己的某种缺陷而烦恼自卑时，父母要让孩子看到自己身体的正向力。

蒙老师心语

祸兮福所倚，福兮祸所伏。孩子身体有残疾，的确会使他的心灵受到一些伤害，但如果父母能够把残疾孩子当成普通孩子，甚至把他当成天使，那么孩子就不会被内部的身体受束缚所折磨，不会被外部的消极态度所影响，而能够找到自己的生命意义，能够独立实现自我价值，甚至创造出比普通孩子更高的价值。

第七章 为有弱点的孩子营造平衡感

为孩子营造归属感

安全感对于孩子的成长极为重要,它甚至直接决定孩子对自我潜能的挖掘力度。但如果孩子没有归属感,那么他的安全感也会降低,并影响他的自我塑造。

心理学家说过,任何一个人,都是在寻找自己社会意义的过程中而完善自己的。如果一个人没有归属感,那么他也就没有安全感,没有自我完善的激情和力量。

陈彧是一个转学生,虽然在她进入班级之前,我就要求同学们热情地欢迎她,帮助她,但是很长时间以后,我还是发现,她不能很好地融入班级中。

元旦联欢会,大家都玩得热火朝天,她却一个人坐在角落里,冷冷地看着所有的人。班长两次喊她猜灯谜,她都摇头拒绝了,还皱着眉,仿佛那是一件很糟糕的事情。

联欢会后放假,孩子们都被父母接走了,只有陈彧的父母还没有来,我就和她聊了起来。

我问她:"转学是不是很痛苦?"

"是。"她低着头,脚尖一直在地上碾着。

"你最想念谁?"

"所有的人。"

"哦?老师,同学?"

"嗯。"

"老师经常和你玩吗?"

"不,但我们住得都特别近,和老师和同学都是,他们都知道我是什么样的。"

"老师也想知道你是什么样的,你跟老师说说吧。"

"哦,我……不爱说话……"

"还有呢?"

"我不喜欢别人假装关心我。"

"哦,你希望他们不要因为你是转学生而特别关注你,是吧?"

"对,对,对。"她一连说了三个"对",面有喜色。

这之后,她就打开了话匣子。

环境的变化会让孩子失去归属感,如果孩子内向、敏感、适应力不强,那么他就会感觉特别难过,很久都无法高兴起来,这就要求父母能够帮助孩子去适应新的环境。

我的学生潘龙的爸爸是一个小企业主,他离婚的时候,给了妻子二百万,条件是永远不能见儿子。他的妻子百般协商,都没有做通他的工作。自此,潘龙就开始了没有母亲的生活。

潘龙的爸爸隔不久就又结婚了,那个女人对潘龙并不坏,但潘龙却始终不愿正眼看她一眼。

潘龙的爸爸很娇惯他,不允许自己的这个妻子对潘龙有任何一点不敬。这是他结婚的前提条件，这个前提条件就成了潘龙为所欲为的凭据。

爸爸不在家的时候，潘龙经常会对继母搞点恶作剧，比如，会让人抓一条蛇扔进继母的被子里，或者把虫子放进继母的饭碗里。

继母整天提心吊胆，对潘龙极为怨恨，但却不敢直接告诉潘龙的爸爸。潘龙于是变本加厉，让继母来给他开家长会。

继母刚进教室的时候，潘龙居然悄悄在地上放了一个香蕉皮，致使她滑倒摔伤。而潘龙则哈哈大笑。

为了此事，我狠狠教育了潘龙一番。

但不久，继母怀孕了，潘龙就显得更加落寞了。而我，也不敢过多批评他。

父母离婚对孩子的打击非常大，如果父母还给孩子种上仇恨的种子，那么孩子就无法接受这个残缺不全的家庭，也就无法像正常人一样生活，因为他没有安全感。

学生杨玉鑫的爸爸妈妈是农民工，为了在城里上学，杨玉鑫不得不寄住在二姨家里。杨玉鑫的二姨是一个过气的演员，单身，没有子女。由于生活环境所迫，她这个人敏感、矫情。

二姨经常给杨玉鑫买新衣服，还带他出去玩，但不管干啥，都会数落他："你要怎么怎么做，别像个土老帽似的。"

开始，杨玉鑫挺感激二姨的，但是时间长了，二姨始终用"土老帽"数落他，他就有些受不了了。

杨玉鑫告诉妈妈，他不愿意在这里上学。但得到这样的教育机会对他们这个家庭来说很不容易，他妈妈哪里肯听他的话，反而把他训了一顿。

在班级里，杨玉鑫也不合群，他总觉得所有人都在嘲笑他，说他是土老帽。

一次，因为不守纪律，杨玉鑫被数学老师罚站，他忽然发飙了，大声喊道："我没有不守纪律，你们都看不起我！"

数学老师吓了一跳，就跟我说了这事，我详细了解了杨玉鑫的情况，知道他是因为没有安全感才会变得如此紧张。

我跟杨玉鑫沟通了好长时间，又跟他的二姨和妈妈分别通了电话。虽然情况有些好转，但我无法改变他二姨的个性，也就无法改变他的境遇。

杨玉鑫考上初中之后，听说他一直显得很孤独。

寄人篱下的孩子，很容易产生心理阴影。因为很敏感，真正的爱和隔心的关爱是不同的，他会把这种不同归咎于自己的无能，并放大这种无能。

蒙老师心语

培养孩子的适应能力，是家庭教育的一个重点，因为孩子的一生可能要经历很多环境的变化。当孩子还小，就必须转换他生活的环境时，父母要及时帮助孩子适应新环境、新关系，并帮助孩子在新的关系中找到安全感、归属感。

不要过于关注受伤的孩子

对受过伤的孩子进行保护，这是一个概念；对受过伤的孩子溺爱，这又是一个概念，只是大多数父母把这两个概念混为一谈，溺爱了，还说是保护。

孩子病了，父母多陪陪孩子，多给孩子一些好吃的、好玩的，甚至允许他做平时不允许的事情，这无可厚非。但如果一直持续这种习惯，那么这种习惯就会成为溺爱，成为伤害孩子的利剑。

我的学生李向民和我的关系很好，有什么心里话都愿意跟我说，我以为这是一种很好的关系，没想到，孩子的理解和我的想法有所不同。

周末，李向民和父亲骑车出游，结果在路上和一辆车相撞，虽然受伤不重，但他还是在医院待了一个下午。

周一上学的时候，李向民见到我的第一件事就是告诉我："老师，我的腿受伤了。"说着还把伤口指给我看。

我看了看，他撸起的裤管下有一道划痕，并不深，我安慰了他一下，就做自己的事去了。

这一天很快就过去了,晚上临放学时,李向民忽然来办公室找我,他撅着嘴,满脸的不高兴。

我问他:"你怎么了?"

"怎么了?老师变了。"

"怎么了?"

"以前,我做了不好的事情,当着那么多人的面,你都说信任我,让我很感动。可是现在,我受伤了,你却没有允许我不去上操。"李向民显得很委屈。

"哎,我当什么事呢。"我不禁笑了,"你受伤也不是很严重啊,只是刮伤了一点皮。你没要求不上操,我还觉得你很勇敢呢。"

"哦,是这样啊。那我知道了。老师你说我很勇敢吗?"

"当然了。"

"那你还会像以前那样关心我吗?"

"当然。"

孩子非常希望得到亲人、朋友的关心和爱护,尤其是受伤的时候。但是这并不表示,孩子在受伤的时候就可以给他特殊的优待,那样做,只会让孩子变得任性、脆弱。

有一年,小松在我堂弟家过暑假。堂弟家的粮仓里出现了老鼠,堂弟就做了老鼠夹,撒了老鼠药,并告诫孩子们,不要进粮仓里面玩。

但是粮仓经常不上锁,孩子们还是不顾告诫,跑到粮仓里玩。

堂弟家的两个小家伙都知道老鼠夹的厉害,十分小心。但小松从来没有见过老鼠夹,也不知道老鼠夹的威力。

那天,几个小家伙玩捉迷藏,小松就躲进了粮仓里。粮仓里有很多麻袋,麻袋的缝隙处可以藏人,于是小松就藏了进去。

谁知,那里正是堂弟放老鼠夹的地方。小松刚把腿伸进那个缝隙里,就被老鼠夹打中了脚趾，小松疼得哇哇大叫。

孩子们听出小松的声音很惨，连忙跑过来。小松穿的是凉鞋，那只黑弹力夹正夹在他脚趾上，脚趾已经变了颜色。孩子们吓坏了，赶紧跑回去找堂弟过来。

堂弟当时正在吃饭，一听说小松脚趾被夹了，把饭碗一扔就跑。赶到粮仓后，赶紧把老鼠夹从小松的脚趾上卸下来。小松已经哭成了大花脸。

堂弟连忙把小松送进了医院，医生给他做了治疗。虽然这不算什么严重的伤，但堂弟还是让小松在医院里观察了一天才出院。

回来后，堂弟以为小松要回家，但是小松这个家伙好了伤疤忘了疼，一瘸一拐地依然和小伙伴们一起跑来跑去地玩。

堂弟十分担心，总是跟在小松后面，不停地提醒他"小心"、"慢点"。孩子们做游戏的时候，堂弟常常会跟小松一伙，极力帮助小松。

暑假结束，小松回来后，对我说："其实受伤也挺好的。"

我听小松介绍了整个过程，不禁很生气，对小松说："因为害怕不能给我一个交代，你舅舅才那样溺爱你。可是你难道不能反省一下吗？你受伤，是你自己的过错啊。"

孩子如果因为自己的错误而受伤，父母一心只为孩子治疗伤口，甚至溺爱孩子，那么孩子就会忽略自己的错误，甚至为了得到这种溺爱，而宁愿再犯错误。

一天，我刚进家，奶奶就问我盒子里有多少图钉，还说小语把图钉弄撒了。我连忙去书桌附近仔细查找，上上下下、左左右右地翻了个遍，没有。

为了以防万一，我对小语和小松盯得特别紧。他们只要进这个房间，我就走在后面，仔细看孩子的脚下有没有什么东西。

那天，小语又来这个房间玩，我忽然发现，在她前方大约一米左右处，有一个黑点，还闪着光，我吓坏了，连忙大喊："停，停！"

小语尚小，被我的声音吓呆了，回头恐惧地看着我，半天忽然"哇"一声哭了起来。我顾不得她，连忙去收拾前方路途上的"障碍"。

让人好笑的是，那个黑点其实是一个亮片，从小语衣服上掉下来的。我不禁莞尔。

陶京听到小语哭了，跑了进来，他抱起小语问怎么了。我跟他解释说害怕地上有图钉。陶京有些生气地说："你真是大惊小怪。咱们不是已经翻遍了吗？"

"你不记得小松小时候脚丫被玻璃碴扎坏的事了，输了好几天液呢。"

孩子伤在身上，父母就会伤在心里，甚至会成为心理阴影。但是如果对于孩子受伤的事情，父母总是显得过于关注，那么只会弄巧成拙，甚至可能让孩子也产生心理阴影。

蒙老师心语

孩子身体受伤的时候，很需要父母的关爱；受伤事件应该成为一个警示，告诫父母和孩子不要再犯某种错误。这是受伤后需要铭记的两件事。需要注意的是，对于受伤的孩子，父母不能过于溺爱，过于关注，过于警惕，以免使孩子产生恐惧、依赖等不良心理。

别让孩子心里充满仇恨

孩子也是社会人,其他人不会像父母那样事事纵容孩子,耐心教导孩子,可能会伤害他,羞辱他。一旦孩子遭遇羞辱,父母要让孩子释怀,而不是让孩子记恨在心。

一些父母如此教育孩子:"有人打你,你就打他;有人整你,你就整他。"一个很常见的说法是,不怕事,不惹事。这是一种正确的为人处世方法。但不怕事,并不意味着就要以牙还牙,甚至睚眦必报。

我堂叔是老师,他的儿子叫会,会上学特别晚。在学校里,他并不是特别受欢迎,相反,却总是与众人格格不入。

有个孩子,不知道会是一个"有来头"的人,在站队的时候,嫌会笨手笨脚的,把他推倒了。当时会并没有什么特别反应。

回家后,会把这事跟爷爷说了,爷爷当时就暴怒,去那个孩子的家找家长说理,还要赔偿费。会的爸爸、我堂叔是老师,他听说儿子被"打",就在学校里狠狠批评了那个孩子。

之后,每天上学的时候,爷爷都要护送会。爷爷说:"要是有人打你,你就赶紧告诉你爸,让你爸收拾他。"

会说:"我不用告诉我爸,我自己就能处理。"说完,会就从地上捡起一块小石头,紧紧握在手心里。

爷爷赞道:"我们会就是聪明,想得这么周到。对,就这样,看谁还敢欺负你。"

这之后,不管有没有爷爷护送,会手里都会握着一块小石头,他看谁不顺眼,就拿石头给人家一下。就这样,会成了个小霸王。

可怜的会,连高中都没有考,因为他根本没心思学习,并一直认为只要一块小石头就能搞定一切。

孩子的心被种上了仇恨,那么他的全部心思就会用来报复人,这不但会使他的心灵扭曲,还会埋没他的潜能。

我老家有个亲戚,带着孩子到我家里来串门。这个孩子显得非常拘谨,我给他水果也不敢吃,只是跟他妈妈嘟囔着要喝水。

我拿着杯子去倒水,孩子接了过来,可看是热水,马上就放下了。他妈妈不耐烦了,说:"你别烦人了,自己去接。"

孩子马上拿起一个空杯子,跑到厨房,接了一杯水就喝。我看见了,连忙说:"别喝生水。这里有矿泉水。"

但是孩子已经一口水入肚了,他惊诧地看着我。他的爸爸在旁边显得特别尴尬,笑着说:"哎呀,这农村人老土,啥都不知道,接了水就喝。"说完就斥责孩子。

孩子的脸一下子红了,马上往水池里吐,可是咳了半天,只咳出一口痰,他就吐到了厨房的水池子里。

小语马上说:"哎呀,我们要在那里洗菜的,你怎么往那里吐?"

孩子一下子呆在原地。他的爸爸不由分说,站起来就走进厨房,给了孩子一巴掌,孩子一下子哭了起来。

第七章 为有弱点的孩子营造平衡感 | 147

我连忙过去劝解，说："我也是农村出来的，我还不知道吗？农村用的是水井，水特别甜，当然能直接喝。这只是孩子的习惯，不能怪孩子。"

这事过去了，我没当回事，可后来小语说，那个孩子后来写信骂了她，说她虚荣、夸张、矫情、没有人性，还说他爸爸说了："你妈妈也是农村出来的，拽什么？"

一些敏感的孩子，会把别人纠正他的话当成羞辱，如果父母此时也因自卑而敏感，以致无法正视别人的纠正，那么就会在孩子心里种下仇恨，而这种仇恨的根基正是自卑。

我实习的时候，有个孩子叫民英，跟我的关系特别好。我以为这只不过是孩子的一种新奇心理，但后来我发现，民英把我当成了救命的稻草。

民英年纪比别的孩子都大。因为她小时候给人劝架的时候，被人伤了大脑，所以学习显得特别吃力。

民英的老师是一个五十多岁的老太太，她经常骂民英是"笨蛋"，是班级里"拖后腿的人"。民英每天上课都提心吊胆，生怕哪一件事没有做好，又被老师当众大骂。

我作为一个实习生，唯一的教学武器就是微笑。

我叫民英回答问题时，看她很紧张，就走过去拍拍她的肩膀，让她坐下，说："你是因为和老师不熟、紧张才不会这个问题的，等你不紧张时再说。"

我并没有想过这句话对民英的影响有多大。这之后，她在我的课上表现得特别积极，只要我提问就举手，而我叫到她的时候，她有时候甚至不知道我问的题目。

我不禁觉得好笑，对她也多了一份关注。

实习期很快就结束了，民英告诉我，她要退学了。我惊讶地问为什么，她说："我已经受不了老师的责骂了。我注定会成为一名农民。我恨所有的老师，除了你。"

看着民英那咬牙切齿的表情，我吓了一跳，赶紧搂住她，恳切地说："对你伤害最大的，不是老师的辱骂，而是你自己内心的恨。你不恨我，所以你的表现特别好，如果你能不恨其他老师，那么你也会有突破性表现的。"

长期受某个人或者某个组织的排斥、侮辱后，孩子很难不产生仇恨心理。这时候，他更需要父母的心理按摩，一定要告诉孩子，仇恨最后伤害的人，只有自己。

蒙老师心语

有冤报冤，有仇报仇，这个思想已经是十分落后的了。要知道，对内心纯净的孩子来说，仇恨将是最大的成长障碍，它不但会影响孩子对自己潜能的挖掘，会影响孩子与他人之间的相处，还会让孩子的心理变得扭曲。所以如果孩子受到侮辱，那么父母要想办法让孩子释怀，同时，不要记恨。

不要经常抱怨孩子

抱怨是毒,它会残害人的激情,让人变得软弱无能。但抱怨最容易遗传。如果父母因为生活不快而经常抱怨,那么孩子就会产生消极心理。

生活中,我们总是会看到一些人,他们抱怨生活不如意,抱怨市场不景气,抱怨国家政策不力,抱怨孩子学习不给力,反正一句话,就是事事不如意。抱怨久了,就是见到好事都会把好事当成坏事。

小时候,我很不喜欢我三姑的性格,她动辄就笑话我。但我十几岁后,却越来越敬佩她了。

我姑父的前妻死了,留下一个弱智儿。我三姑嫁过去之后,就要照顾这个弱智儿。但我直到十几岁才知道这个孩子不是我三姑的,因为我三姑一直对他特别好。

尽管我三姑喜欢嘲笑我,但却决不允许我嘲笑她的这个儿子。我知道她这个禁忌,生气的时候,就会故意"捅马蜂窝",这使我和三姑之间的关系变得很僵。

我知道这个孩子不是三姑的儿子之后,很不解,问我三姑:"难道说你的亲侄女还不如一个外人的傻儿子吗？"

我三姑一听特生气，厉声对我说："他不傻，他也不是外人的，就是我的！"

"哼，你这是何苦呢？我还以为你多幸运呢，原来，嫁过去，得给人家收拾烂摊子。"

我三姑气得把这话告诉了我父亲。父亲就找来我教训道："按你的话说，你的三姑很苦，那你为啥又气她呢？"

"我就是不服气，她经常嘲笑我，却不允许我嘲笑那个傻子。"

"傻闺女，你一点都不懂事啊。你三姑婚后才知道有这么个儿子。当年，她为这事和你爷爷奶奶大闹，甚至还上吊自杀过。你奶奶说：'两个选择：一离婚再嫁；二回去，认真过日子。'"

"我奶奶好冷酷。"

"那时候的人啊！"父亲叹了口气，"你三姑无法，只好回去了。但是经常抱怨，一回家来就跟你爷爷奶奶生气，把你爷爷惹烦了，就说：'你越抱怨，越倒霉。'"

"恐吓！"

"是事实。她抱怨时，那个孩子和她关系特别不好，还打她。后来，她就信了你爷爷的话，接受了，对她儿子特别好，结果现在你看，那个儿子要是一天见不到她就大闹。"

抱怨的结果，只是使事情越来越糟。一个喜欢抱怨的家长，和孩子之间的关系必然很僵。他传递给孩子的是不耐烦，是消极，孩子会感觉到一切都是不如意的，会产生自卑。

那年出差，在车上碰见一个年轻妇女。我们搭上话后，她问我是做什么的，我说是老师。她立刻就说："现在的老师可吃香啊，别说国家政策优待教师，就是这请客送礼也足够了啊。"

我一听，很尴尬，就不去接她的话。

谁知，她却关不上话匣子了，继续说："现在的教师，待遇高了，师德却差了。我们孩子的老师，动辄就暗示我们，该送礼了。如果送晚了，就会给孩子脸色看。"

我低头假装整理自己的物品，心说，如果她再继续说，我就走人。

她大概终于认识到了，说："哎呀你看我，就是平时太恨老师了，说话都不顾对象了。其实，你不一定是坏老师，毕竟还是有好老师呢。"

我一听更是哭笑不得。

她拉着我的手，表示亲近，又说："我抱怨惯了，你别介意。"

我毫不客气地说："看您这样子，您的孩子在学校里肯定经常挨批评。还有，您要是经常在孩子面前抱怨老师，那么您的孩子和老师之间的关系就永远都不会好起来。"

她愣愣地看着我。

这回轮到我发力了，我继续说："因为您的抱怨让孩子对老师产生了怨恨，但孩子又必须天天和老师在一起，这样，他要么会变成唯唯诺诺的人，要么会变成一个经常对抗的人。"

"老师不好就是不好嘛，难道还不让说吗？"

"让说，但您不分场合，随时都说，有什么用呢？尤其是在您的孩子面前，您的这种抱怨就是毒品，会让孩子产生一种不安全感，老师做什么，都认为老师是错的。这对孩子有什么好处呢？"

当孩子因为某些缺陷而被老师批评时，即使老师是错的，父母也不要在孩子面前抱怨老师，因为这样只能使孩子形成仇恨、对抗，而不利于他正确认识自己的缺陷。

我和小语在一家餐厅吃饭，听到一个父亲对着儿子抱怨："你就不能让我省点心吗？你看人家阿狸，给他爸拿回来的都是奖品，你呢，给

我拿回来的，都是惩罚。"

我看了看那个孩子，他面色凝重，手里的筷子也不知道该放在哪里，就那样一直架在空中。

"傻子似的，不吃饭干啥呢？快吃，以后给爸长点心就行了。"那个父亲说着，又慈爱地摸了摸孩子的头。

孩子的筷子这才重新放进了碗里。

"唉，我的工作事事都不顺心，你还天天给我添乱，我都要喘不过气来了。"父亲又抱怨道。

这时，孩子"啪"一下放下筷子走了。

有些父母总是抱怨孩子这做得不好，那做得很差，给父母丢脸，让父母不省心。这样做，只会使孩子产生强烈的对抗情绪，而无法令他做出任何改变。

蒙老师心语

不管是生活所迫，还是关注孩子的过错，父母都不要向孩子抱怨。抱怨是一种消极的毒，会让人变得软弱无力。这种毒极具传染性，它借由呼吸，就能传递给你的孩子。一旦你的孩子也学会抱怨，那么他就没有心思去挖掘他的自身潜能，反正抱怨更省事些。

第八章　让压力成为孩子坚强的筹码

　　孩子的成长是一个由脆弱到坚强的转变过程。在这个过程中，过大的压力和困难，会成为孩子的负担，一下子压垮孩子。但如果没有压力和困难，孩子又无法成长起来。只有适当、适度、适时的压力和困境，才能成为孩子成长成熟的催化剂，让孩子变得坚不可摧。父母陪在孩子的身边，就是要帮助他选择正确的困境和压力。

及时扼杀孩子自卑的优越感

阿德勒说:"有一种自卑,会表现出优越感,而这种优越感只是自欺欺人,只会让孩子学会吹牛和冒进,对他的成长极为不利。"

面对笼子里的老虎,有的孩子会发抖,有的孩子会做好跑的准备,却还说:"我不怕它,我还敢打它。"这后一种孩子就是自卑的优越者,他们依靠伪装来掩饰自己的恐惧。这种现象在男孩子中表现得最明显。

我堂哥曾经说过这样一件事,他十六岁那年,天降大雨,村里的河水涨得淹没了很多田地。

一些孩子不顾大人的嘱托,在雨后跑到河边去玩。尽管河水已经少了很多,可是依然在翻滚咆哮着。河面上有很多从上游冲下来的物品、树枝,甚至牛羊等。

我堂哥和一些小伙伴们也去了河边。有一个叫勇的孩子说:"嗨,你们有谁敢去游泳吗?"

没有人说话,勇就嘲笑道:"胆小鬼。"

有个孩子不服气,说:"有种你去游,你要是能活着回来,我们就都服你。"

勇脸一红，向后退了一步，但还是嘴硬地说："我才不怕，别忘了我的名字叫'勇'。"

堂哥劝勇说："太危险了，你忘了咱们村有人在这条河里被淹死的事了？别干这傻事了。"

谁知勇听了堂哥的话反而生气了，他脖子一梗，骂道："你们这群孬种，都是怕死的货。"

先前说话的那个孩子又说："你不怕死，你就去死一个看看。"

勇气急败坏，上来要打那个孩子，那个孩子躲在堂哥身后，继续说："你是怕跳水，才故意找茬儿来揍我，好转移大家的注意力。"

勇听了这话，就停下来，一下子跑到河边，可是到了被冲垮的堤坝那儿，又停住了。那个孩子一看他那个样子就笑起来了。这可激怒了勇，勇不由分说就跳进了河水里。河水一下子就把勇卷走了。

堂哥吓坏了，赶紧叫几个伙伴去找人。勇被救回来了，但在医院里住了一个星期，之后再也不敢下水了。

害怕被人嘲笑的孩子，在外人的压力下，会不顾自身实力，或者现实状况，而执意要冒自己不能冒的险。所以，如果你的孩子有自卑的优越感，那么就赶紧将它扼杀在萌芽中吧。

小松四岁的时候迷上了滑板，奶奶和我都担心他受伤，一再告诫他：不能跑得太快，不能失去平衡，不能玩花样。

可能是告诫多了，也摔过几次，小松变得有点胆怯，甚至不敢同时把两只脚都放在滑板上，他害怕失去平衡。

小区里有很多男孩子都有滑板，他们的玩法各有不同，但几乎所有人经过小松身边时，都会把大拇指竖起来，然后再翻转过来朝下。

小松知道这是嘲笑，气急了，回家后就跟我和奶奶说："哼，有什么了不起的？我只不过是年纪小，等我再长大一点，我就做一些让他们都刮目相看的动作。"

奶奶说："对，我们小松是英雄好汉。"

小松听了这话，很满足。但是再滑滑板时，还是会很胆怯；因为胆怯，又会受到嘲笑。这回受到的嘲笑，给小松的打击特别大，他把滑板一扔，自己回家了。

回到家小松告诉奶奶说："我再也不玩滑板了。不会玩滑板，也不是什么大不了的事情。"

陶京知道这事后，对小松说："我比你大二十几岁，可我不会玩，你能教我吗？"

小松觉得很好玩，就又捡起了滑板，这一捡，却捡出了小区里的滑板大师。在陶京的循循善诱下，小松玩滑板的能力越来越强。

如果父母总是不让孩子接触一些危险的活动，那么孩子就会变得胆怯、自卑。但他开始的时候总是会用说大话的形式进行自我安慰，一旦安慰不成，就会变得更加恐惧。

我班上有个孩子，有两个特点：一个是学习成绩特别差，一个是攻击性特别强。他最喜欢攻击的，大多都是学习成绩好的孩子。

我屡次对他进行说教，但都没有什么效果。后来我问他："你为什么不能把打架的劲头放在学习上呢？"

他反驳道："学习不好也不是错误，谁规定人活着就必须学习呢？"

"你害怕学习？"

"我只是不屑。有很多名人，学习成绩并不好，但比学习好的人都有出息。"

"可能他们在学校的成绩不好，但他们在社会中一定学习得非常认真。没有任何一种成功是靠无知建立起来的。"

"那我以后就进入社会中再学。"

"照你目前这种状态来看,你进入社会中唯一能学会的就是打架骂人。"

"哼,你歧视我。"

"我不是歧视你,我是懂得人的发展规律。你知道你为什么那么喜欢打架吗?"

"我就是看不顺眼。"

"对,你的确是看不顺眼。而且,你发现没有,你打的学生都是很努力、学习成绩很好的?你知道这意味着什么吗?"

"……"

"这意味着你没有把精力放在自身上,没有一点儿依靠自己的努力的精神,只希望利用你的暴力来缓解你所处的不利状况。但是你的拳头并不能让学习好的人成绩下降,同样,不能使你的成绩上升。"

"……"

"你打架,只说明你是个软骨头,你不敢面对自己。"

"我——"

从自卑而引发的优越感,会让孩子以一种独特的方式进行自欺。如果孩子的观点不得到纠正,那么他的这种自卑感将成为扭曲他心灵的暗流。

蒙老师心语

人有自卑感是很正常的，任何人在面对压力、困境的情况下，由于看不到自身努力能改变状态，都会产生自卑感。产生自卑感后，有的人会想办法去改变自己，有的人却会想办法欺骗自己。如果你的孩子是后一种情况，那么，你就必须纠正孩子。注意，因为在欺骗自己的过程中，会产生一种外显的优越感，所以也很容易欺骗父母，让父母看不到孩子的真正想法。

孩子不能总以超越别人为目标

任何孩子在人群中都会产生比较之心，这种比较之心是他超越别人的一个动力。但是如果孩子总是把目标定位为超越别人，那么他就会产生心理负担。

当孩子在快乐的环境中学习时，他的身体就会特别舒展，他的内心也会显得很舒畅，因为他没有负担。但是如果孩子在学习的过程中，受到一些消极的心理影响，那么他身体的某个地方就会出现僵硬的状况，而他的心灵也会产生负荷。

我曾经跟随一位身心能量大师学习，亲眼见证他治疗了一个女孩肩背疼痛的奇症。在这个女孩的肩背处有一个硬块，但是去医院检查，都没有什么异常。

这个女孩来到我老师这里时，是持怀疑态度的。我老师也没有点破，只是按照经脉穴位，一点点为她按摩。

当按摩到肩背处时，老师问那个女孩："你十几岁时最不喜欢的一个人是谁？"

"十几岁？嗯，刘玉霞。"女孩不假思索，脱口而出。

"这里没人认识你，也没人认识刘玉霞。你就放心大胆地骂骂她，你的病就好了。"

"开玩笑吧？"女孩笑了，但她马上就变脸骂了起来，"那是个不要脸的女孩子，仗着自己学习好，整天耀武扬威的，不知道自己姓啥。哼，她今天过得也并不比我好。"

"嗯，对，就是，她学习好也没啥了不起的！"

"就是，我那时候就憋着一口气，一定要超过她。有好几次，我都实现了我的愿望。只是我没有耐性，没有保持住。"

"那你也还是超过了她。"我老师一边替她按摩，一边附和道。

"当然，我的能力并不比她差。"

"你的能力肯定很强，犯不着老是和她比。你只要完成你的目标就行了，何必盯着她呢？"老师这回开始劝解，而他按摩的力度也增大了。

"啊！"女孩大概疼了一下，她龇了一下牙，然后说，"嗯，也对啊！"

在这样的聊天中，女孩的按摩结束了。临走时，她耸了耸肩膀，说感觉好多了。等到她第二次再来按摩的时候，老师又问她关于刘玉霞的意见，女孩说："过去了。都过去了。"

仅两次按摩，老师就治好了这个女孩的病。我问老师什么原理，老师说，她的心理症结是太过强调和别的孩子做比较。

如果孩子不能确定合理的人生目标，反而把目标定为和某个人进行比较，那么他的身体就会出现状况，他心里也会感觉学习是痛苦的，从而产生心理负担。

我认识一个叫肖剑的人，他有一个最好的朋友，叫魏伟。他们从上中学之后就在一起，因为学习成绩都很好，一直是老师的宠儿。他们俩

几乎形影不离，甚至被人看作同性恋。

工作后，魏伟在一家外企找了份助理的工作。肖剑本来想继续考研，但是听说魏伟面试成功后，马上改变主意，专攻这家外企，但由于职位很少，他最后成了一名销售员。

肖剑工作特别努力，不到一年的时间，就发明了一种倒三角式销售方式，即把熟人变成生人、把生人变成熟人的销售方式。

肖剑的这种销售方式，使他赢得了集团销售总监的青睐，他很快就成了一名部门经理，超越了魏伟。

肖剑升职后，马上找魏伟去庆祝。而魏伟此时的工作热情稍减，因为他正忙着谈恋爱，他被一个女孩迷得神魂颠倒，所以对肖剑的这次升职并没有表现出多大的兴趣。

肖剑产生了一种强烈的挫败感，于是向销售总监提出辞职。总监问他为什么，他回答说："没意思，魏伟根本就没有尽全力。"

辞职后，肖剑又进入校园学习，但却始终提不起精神来。

如果一个人过于关注一个优秀的人，并总是和他比较，这会帮助他挖掘自身潜能，但也会限制他。因为一旦他的目标人不再优秀，他就会因失去目标而丧失奋斗动力。

郭美是我的一个学生，学习成绩好，性格稳重，我曾经认为她是班长最好的人选，但是在民主选举的过程中，孩子们却淘汰了她。

这个结果让我很惊诧，因为据我观察郭美和班里孩子的关系都很好，她特别愿意帮助别的孩子。

我不明所以，但很快就接收到了各种关于郭美的问题的信息。有的同学说，郭美对班长的态度相当恶劣；有的同学说她喜欢挑拨是非；有的同学说，郭美宣称她才应该是班长……

说这些话的都是一些平时很老实的孩子，我很惊讶，对郭美的好印象一下子荡然无存。

班长来我办公室时,我问她郭美是不是人缘不好。班长有点为难地看了看我,说:"我不想说她坏话。"我笑了,觉得我问的话有问题,就不再说了。

但后来有一天,班长还是向我抱怨了一通:"老师,郭美这个人很虚伪,她现在联合一些学习不好的孩子,和我作对。"

我暗地观察了郭美一段时间,发现她的确有极强的嫉妒心理,但可惜的是,她不是把嫉妒心理用来提高自己,而是破坏别人。

当孩子以超过某个人为目标时,一旦他预期的结果没有实现,就可能会产生嫉妒和怨恨心理。这也正常,只是父母要促使他把嫉妒转成奋斗的动力,而不能因嫉妒去攻击他人。

蒙老师心语

其实,孩子在任何学习阶段,把其中一个小伙伴作为超越的目标,这是正常的,能成为他奋斗的动力。只是父母需要注意,如果孩子过于关注某一个孩子,而忽略了自己奋斗的本意,那么他就会和这个孩子纠缠不清,并产生许多消极心理,甚至与人交往也会产生障碍。

不要过度地夸赞孩子

能得到欣赏的孩子，会非常自信。因此，孩子缺不了父母的赞扬。需要注意的是，如果父母的赞扬言过其实，或者空洞无物，那么孩子就会产生自负情绪，经受不了挫折。

经常有新闻报道说，某某孩子因为受不了老师或者其他人的批评而自杀。每每看到这样的事情，我心里总是觉得很不舒服，特别希望父母们能给孩子们多一些挫折训练。

我堂叔的儿子会，小时候真的是特别可爱的孩子，他在八岁左右就能讲评书。

那时候村里的电视比较少，家家都离不开收音机，收听评书是我们固定的节目。

小伙伴们在院子前面玩时，经常能听到会一个人在他家大门口的石台上讲评书。会稳稳地坐在石台上，架势一拉，就开始滔滔不绝地讲起来，刘备、关羽、张飞……特别有派头。

无论大小孩子，都喜欢听会讲评书，尽管他说的故事并不完整，甚至还前后矛盾，但他只要嘴里冒出一连串人名、地名、武功名称或者武器名称，我们就拍手喝彩。

有时候，连路过的大人也忍不住停下脚步，认真倾听。

很多人都预测说，会将来一定特别有出息。再加上会的爸爸是学校的老师，人们更加笃定会可能早早就会成才。

但实际上，会在学校里的学习成绩非常差，而他也不服管教。教过他的老师都向堂叔反映：这个孩子听不得一点批评。而堂叔的回答是："那就表扬着来啊。"

堂叔是一个有"官位"的人，教会的老师无法，就对会放任自流，结果会慢慢就成了一个爱打架、瞧不起人而又没有什么能力的孩子。

孩子的家世好，可能会成为孩子被夸赞的一个理由。如果孩子在某方面的确有些天赋，那么他受到的夸赞会更多。但实际上这种夸赞如果过度就会成为一种扼杀，它会让孩子变得目中无人。

有一天奶奶买菜回来，一进屋就气愤地说："这是什么世道？孩子撞了老人一下，家长不但不教训孩子，反而夸赞孩子撞得好。"

我连忙问怎么回事，奶奶说："我在收银台那儿排队，有个孩子一下子就冲过来，差点把我撞倒。那孩子的妈妈还说：'我儿子真棒，有这么大劲。'你说这是什么人啊？"

"真是，这家长也太不会说话了。"

"岂止是不会说话。我跟她理论，我说孩子小，不懂事，你怎么也不懂事呢，撞了我，至少给我道个歉吧。"

"跟她肯定没理可讲。"

"不是，她道歉了。但是她跟我说：'我儿子胆子特别小，我就不停鼓励他，这样他才敢做事。'她要不这样说也就罢了，她一这样说，我就说：'你这教育方法真差劲。'"

"是差。"

"结果她说我老了,不懂,孩子如果胆小,那就得靠鼓励、赞扬才行。你说说是这么个理吗?"

"理是对的,但她的做法是错的。"

为了鼓励孩子而赞美孩子的一切,这是错误的。因为你的赞美会让孩子产生错觉,认为自己是至高无上的,这会让他忽略规则,自以为是。

小区里有个孩子叫欣欣,我经常听到她的父母赞扬她:"欣欣真棒。"

一开始,我特喜欢听到这话,因为我发现那个孩子在父母的赞扬下任何事情都做得特别好。她走路,可以不用人扶;她说话,会讲得特别流利;就是玩沙土,她也能把沙土扬得很高。

但随着这个孩子渐渐长大,我发现这个"真棒"对孩子失去了作用。比如,那次,在楼下,我听见欣欣的妈妈说:"欣欣,你再回门口超市一趟,妈刚才忘了买酱油了。"

"我不去,你咋不去呢?"

"妈回去做饭去。你去,看我们欣欣真棒。"

"我不棒,我也不去。"

"欣欣不听话了?"

"听话,我听到的就是真棒,真棒怎么了?真棒是啥?"

"你这孩子,真棒就是优秀呗。你比别的孩子都优秀。"

"优秀是啥?就是帮你打酱油?"

"是啊,也不是,你知道心疼妈妈,知道帮助妈妈啊。这难道不棒吗?"

"可是我发现这个'真棒'就是一个迷魂令,只要你说真棒,我就得乖乖地听你的。其实你并不是真的夸赞我。"

"你这孩子,为了不帮妈妈,就有这么多话说。"欣欣妈妈有些生气。

"哼，怎么样，我不帮你了，我就不棒了。可见你说的'真棒'都是假的，难怪老师批评我不好，同学也说我不好。你的'真棒'全都是假的。我是最差的。"说着，欣欣哭了起来。

"老师又不是经常批评你，你不能把一两句批评当成全部。"

"我就不棒。"欣欣哭得更欢了。

有些父母把赞扬当成一件武器，用它来胁迫孩子听话，这种情况下，孩子时时处处都会听到赞扬。可是一旦离开父母，他总会听到批评，这会让他的自我评价产生矛盾，不再相信父母。

蒙老师心语

任何一个孩子，不管他表现得优秀与否，如果在成长过程中，他只能听到赞扬声，那么他的内心就会产生两种力量：一种是让自己努力，这样身边就永远会有赞扬声；一种是排斥所有的批评。而孩子不会十分完美，必然会因为一些事而遭到某人的批评，此时，第二种力量就会发挥作用，让他不能接受，甚至对自己产生怀疑，或者觉得自尊受到了严重的伤害。

读懂孩子的童年心理

童年心理对孩子的一生影响很大。很多人成年之后的问题，都是因为童年的心理受到打击而形成的。所以，读懂孩子的童年心理，极为重要。

尽管我们父母一直和孩子生活在一起，但可能还是不懂孩子的童年心理。这就需要我们学习一下个体心理学，了解一下孩子在各种环境下的心理压力及承受能力。

我记得水兰曾转述过韦俊彪的一句话，他说："我在家，谁都疼我，可是我在这，他们都不把我当人看。"

水兰说："这就是韦俊彪捣蛋的原因。"

"没错，可能从出生开始，韦俊彪受到的就是关爱，他已经确定了自己与他人之间的关系特征。但是在学校里，老师不能把全部注意力都集中在他身上，因此他就感觉难以接受。"

"对，所以，他就采用捣蛋的方式，引起我的注意。我还发现一个有意思的现象，每次我夸赞他之后，他就会老实很长一段时间，但是我要是批评他,他就会变得更加捣蛋。"

"那怎么办呢?他做错了什么,你总不能不批评他,反而表扬他吧。"

"开始,我也很迷惑,不知道该怎么办,后来,我想到了一个妙招。"

"快说,什么妙招?"

"那就是他捣蛋的时候,我会变得特别冷漠,对他置之不理。而一旦他哪方面表现得好,我就会夸他,表现出对他极为关注的样子。"

"那他要是没有好的表现怎么办?"

"不可能。你知道这个孩子现在在干什么吗?"

"在干什么?"

"他在找自己,在社会感情中找自己。我必须让他知道合作是一种正确的方式。"

"我不太懂。"

"你想,他心里希望被关注,那我就在他做得好的方面关注他,他就会得出结论:哦,只有做得好,人们才会关注我。这样,他就会下决心去改变自己。"

"哦,明白了,你是说,如果他做坏事的时候,你过于关注他,那么他就会把做坏事的能力发扬光大,对不?"

"我想是这样的。"

孩子最初对环境和社会的认识非常重要,在这个过程中,他必须认识到自己在社会中真正的价值。父母必须采取正确的方式教育孩子,纠正孩子的错误行为。

有一个女孩子,叫星星,这个名字是她的爸爸起的,爸爸的意思是孩子是最美丽的,是上天对自己的馈赠。

但星星跟爸爸之间的关系并不好,自六岁之后,她就没有叫过"爸爸"。没有人知道为什么,她的爸爸虽然伤心,但还是一如既往地爱着她。

星星上高中的时候，有个男生喜欢上了她，还给她写了情书。星星其实也很喜欢那个男生，但是她做了一件让人大跌眼镜的事，那就是把那个男生的情书贴在了教学楼前。当然，星星做了处理，她涂掉了自己的名字，却把那个男生的名字画了着重号，还是用特殊颜色的笔。

那个男生受到了学校的处分，偏偏他性格内向，觉得非常丢人，就退学了。

这之后，星星性情大变，她每天都找茬儿和人吵架，在家里更是没来由地和爸爸对着干。有一次，甚至把一只碗扔到了爸爸的额头上，鲜血一下子就流了下来。

爸爸觉得星星心理有问题，于是就给她请了心理医生。医生和星星沟通了很久，才发现她之所以不喜欢爸爸，是因为有人曾经告诉她，爸爸曾经打伤过一个小孩。

星星的爸爸听说这件事后，觉得莫名其妙，他根本就没有做过这样的事。再说，现在的孩子都是父母的宝，动了谁家的孩子，谁能原谅他？

星星听到这个理论后，恍然大悟，明白自己是受了一个不怀好意的孩子的骗。她跟爸爸坦白了她在学校里的事情。

爸爸陪着星星去找了那个给星星写情书的男生，请他回来上课。这之后，星星变得特别快乐，学习成绩居然也出现了突破性进展。

社会情感是孩子心灵发育的一个很重要的部分，如果孩子对自己亲密的人产生误解，甚至仇恨，那么他会把这种误解和仇恨延伸出去。他会不断做错事，而不能专心发展自我。

这个孩子叫"小丑"，小丑这个名字是他给自己起的。他在每个练习本上都写上了"小丑"，让我觉得很纳闷。

我问他："你喜欢小丑吗？"

他摇摇头。

"那小丑给你印象最深的是什么呢？"

"个子小，做事笨拙，经常惹人发笑。"

我发现这个孩子是把自己和小丑的情境联系起来了，就问："谁嘲笑你了？"

"哥哥姐姐。"

"他们怎么嘲笑你的？"

"我拿不好碗，穿错衣服，他们就会笑话我。"

"他们像你这么小的时候，也会犯同样的错误。所以，你不用怕。"

"哦。"

后来，这个孩子就把"小丑"两个字从本子上抹掉了。

排行对于孩子会有一定的影响。老大一般会比较受宠，而老幺有时则可能会被忽视，甚至成为欺负的对象。排行不同，心理干预也应不同。

蒙老师心语

孩子从童年就开始探索一种心理成长和适应模式，这种模式的确立会根据环境和自己所受到的待遇而定。一旦孩子受到某种打击，或者他自认为是打击，那么他的心理成长模式就会出现偏差，行为也会变得极端。因此，父母在教育孩子时，一定要注意观察孩子的心理变化，并找到变化的真正原因。

不要过于苛刻地要求孩子

苛刻本身就过了,再加上"过于",那么孩子接收到的信息,就不是对规则的重点描述,而是对自身的极大约束。面对约束,孩子要么变得懦弱,要么就会起而反抗。

我们一直强调,孩子有他自身的内力,父母所做的教育,只不过是唤醒孩子的内力,而不是利用父母的权威和能力,让孩子按照自己的愿望成长。

小语很喜欢"小甜甜"布莱尼的歌,但是每次听完歌曲之后,就会变得特别纠结,总会问我:"为什么唱出这样好听的歌的人,是那样的人呢?我接受不了,接受不了。"

那时候,"小甜甜"正爆出各种丑闻。从报道上来看,她做的所有事情都显得特别没有脑子,难怪小语无法理解她。

我对小语说:"她是一个没长大的孩子,她的智慧和应对能力停在某个年龄段了。"

"啥意思?"小语从来没有听过这样的解读,自然不懂。

"因为'小甜甜'从小就一直受妈妈的约束，为了成名，她必须跟着妈妈做很多不愿意做的事情。在妈妈强大的压力下，她没有能力反抗，只能顺从。"

"你是说，她形成了依赖心理，就是成年后，也希望有个人约束她，没有人约束，她就不知道规则，不知道怎么处理事情才对，是吗？"

"对啊，就是这样的道理。"

"那我今天不做作业，你不能管我啊，否则，我会停在今年这个年龄段，长不大。"小语笑着威胁我。

"作业是你自己的事情哦，你不做也没有关系，只要你不担心拖班级的后腿，不担心成绩下降就行。我绝对不管。"

"哼，我就知道你会这么说，你比'小甜甜'的妈妈狠多了，你从来不要求我做啥，但是总是说那是你自己的事情，让我想偷懒都没机会。"

"这证明你已经长大了，知道为自己负责了，这有什么不好啊？"

"我也想撒撒娇、耍耍赖嘛。过早成熟有什么好的？"

"好吧，允许你今晚晚睡，允许你今晚看电视，允许你明天晚起，允许你——"

"得了吧，你这些允许是要毁了我啊。"

同样的规则，如果父母作为约束人，那么孩子就会反抗，即使知道父母是对的。但如果这个规则的约束人是孩子自己，那么即使父母放纵孩子，孩子也不会放纵自己。

葳蕤是我初中时的一个同学，她给我印象最深的是，自己给自己起了这个名字，还有就是几乎永远不洗的一件上衣。

那件上衣是墨蓝色的，样式很漂亮，领口是犬牙状的，前身左侧也有一个漂亮的图案，这是她妈妈亲手做的。

葳蕤并不是不讲卫生的人，家境也很不错。但是那个夏天，有好长时间，她的这件上衣都没有洗过，到最后，她的后背因为经常出汗，已经出现了明显的汗渍。

有个同学终于忍不住了，就问葳蕤："你就这一件衣服吗？为什么不洗衣服呢？"

葳蕤仿佛如梦方醒，之后，她就再也没穿那件衣服。

我们当时都认为葳蕤可能是借用这种方式表达自己对妈妈的敬意。但长大后，葳蕤却告诉我们说，她其实是在用这种方式向妈妈反抗。

我们问她反抗什么，她说不知道，当时就觉得特别软弱无力，不知道自己该做什么。看着别人都活得兴致勃勃的，她就觉得很悲哀。

她之所以说出这种心理，是想让我们几个学习心理学的同学帮她解读一下，她说自己也不明白当时为什么会那么做，她觉得很丢人。

我们跟葳蕤聊了很久，从她的家庭到她的妈妈，又到她青春期的初恋。最后我们发现，她的妈妈虽然对她很苛刻，却也十分溺爱她，只要学习好，就满足她的一切愿望。

如果孩子儿时不但受到苛刻的教育，而且还会被溺爱，那么孩子进入青春期之后，就会变得懦弱无助，既想反抗，又不知道该如何反抗。

我曾经接触过一个心理疾病患者，他总是认为自己身边有鬼，而一旦"鬼"出现的时候，他就会头疼，发烧，骨头也变得很脆弱。

很多心理医生试图通过让他相信这个世界上没有鬼来改变状况，可是他接受的心理咨询越多，他的症状就越明显，后来，他干脆拒绝治疗，等待"鬼"的判决。

也就是这个时候，他偶然之间遇到了我大学时的心理学老师，我的老师不是以咨询师的身份出现的，而是以宗教信仰同盟的身份出现的。我的老师当时正在研究佛教。

这个人马上对我的老师产生了兴趣，和我的老师聊起来。他跟我的老师说:"我奶奶是个企业家,她想让我继承家产,所以生前一直严格要求我,死后也不忘了来教训我。"

"所以,其实不是你奶奶缠着你,而是你缠着你奶奶,你总是希望你奶奶能重新帮助你,但她已经死了,所以你就借由鬼魂说话。你这样,你奶奶都不能超生了。"

话是开心锁,后来这个人在我的老师的帮助下,做了几次心理治疗,病症便慢慢消失了。

如果父母或者亲人给予孩子过重的期望,并苛刻要求孩子做到某种程度,那么就会给孩子造成压力,他会反抗,甚至用残害自己的方法,让自己无法完成长辈的期望。

蒙老师心语

过于苛刻地要求孩子,就是在扼杀孩子的天性,是在剥夺孩子自我发掘的权利,也是在摧毁孩子自我构建的能力。过于苛刻,还会给孩子造成巨大的压力,让孩子随时想要爆发,一旦无法爆发,就会自我摧毁。

第九章　别让"刻苦"二字把学习弄苦了

孩子从出生之后,就开始了学习的旅程,这种学习是积极的、快乐的。比如,咿呀学语、动手动脚。只是大多数父母没有看到孩子的这种学习,他们只把目光盯在了教科书知识的学习上,还认为只有刻苦,才能学好。这是一种背道而驰的做法,只会让孩子对学习产生厌倦感,同时还会毁掉其学习兴趣和激情。

学习不是死板地坐在书桌旁读书

坐在书桌旁的就是学习,在草地里和小伙伴们玩耍,就不是学习,这是大多数父母对学习的狭隘定义。实际上,孩子不管在做什么,都是在学习,没有探索,他就不会产生快乐感。

任何一个孩子,都不甘心自己生活在一个他无法认识的世界中,所以,孩子成长的每一刻,都在认识自己、认识世界,发展自己,让自己去适应世界。

布拉德·皮特主演过一部电影,名字叫《生命之树》。

很多人初看这部电影时都无法理解,因为它没有像一般的影片那样叙述一个让人震撼的有冲突有矛盾的故事,而只是简单地罗列了一些生活片段。

当然,影片中也有冲突,但这种冲突并不激烈:孩子只是在某个瞬间产生了伤害父亲的意念。

这部片子给我的震撼非常大,我发现,一个简单的生命轨迹其实就是生活的全部意义。

因此，那段时间我一直在想：什么对孩子来说是最好的？什么又是不好的？如果我们处处给孩子好的，包括心理上的，那么孩子就能成长为一个优秀的人吗？

一些优秀的艺术家，因为心理或者生理受到创伤，而产生一些并不全是积极向上的心理，但在这种迷幻的状态下，他们却创造出了最美的艺术。

我就在想：如果他们没有这种受伤的经历，那么他们还能有那么高的艺术成就吗？

当然，我的意思不是说培养艺术家，就要给孩子伤害。

不管怎样，这是一个矛盾，也一直让我迷惑不解。但在生活中，我还是极力按照正确的教育方式来教育孩子。

看过这部影片之后，我忽然明白了。其实任何人都无法百分之百地保证给孩子提供最好的环境，不可能永远保证孩子的心理不受伤害，甚至不可能永远在第一时间内为心理受伤的孩子疗伤。

这是很正常的教育现象，但这并不表示我们是无力的。相反，我们仍有很大的控制空间，那就是我们要发展孩子的学习能力和思考能力。

只要孩子的学习能力在、思考能力在，那么即使是心理阴影，对于他而言也终将不过是一片浮云。

当然，我所说的学习能力，不是教科书的知识学习，而是一种自我认识，社会情感的发展。

孩子的学习能力是父母要发展的重点能力之一，但是发展孩子的学习能力，必须要摒弃只让孩子坐在书桌前面学习的狭隘认识。

我上大学时，曾经给一个叫洪江的孩子做过家教，即使一个简单的公式，这个孩子记上千遍，也还是记不住。

我教了他三天，就想放弃。但洪江对我说："老师，您别放弃我，我妈其实并不要求我取得多好的成绩,她只是见不得我玩。"

说洪江的妈妈不想看到好成绩,那是假话,我当然不信。

洪江说:"老师,我跟你说,我一天二十四小时,除了睡觉时我妈不能左右我之外,只要醒了,就必须坐在书桌前学习,不然我就罪大恶极。"

"没那么夸张吧,可能因为你要小升初了,你妈才会这么紧张。"

"才不是呢,我从上一年级,就已经开始了这种学习方式。跟你说,我在上三年级的时候,春节只玩了一天,然后就每天都在学习。"

"难怪你记不住公式,你是不想记啊。"

"我怎么不想记?"

"你的潜意识不想记。你会想,反正即使记下来,自己也还是不能不学习。"

如果一直把孩子拘在书桌前学习,那么孩子的潜意识就会产生抗拒心理,他的大脑也会配合潜意识,那么他的学习效果就会变得一塌糊涂。

陶京有个朋友,是个编剧。他的女儿从小作文成绩就特别棒,但那些经典的童话作品,和一些经典的故事,她几乎都没有读过。

所有的人都说这是遗传,但这个编剧说,不是,是我每天都在教她。他怎么教的她呢?就是自己编故事。

这个编剧非常聪明,他从来不给孩子念故事听,而是随机地给孩子讲故事。为了让孩子提高想象能力,他甚至采用孩子说一个词他来编的方式。

这个难度很大,当然也会出现一些牛头不对马嘴的情况,但是孩子却听得津津有味,爷儿俩经常在一些奇奇怪怪的故事里大笑、大闹。

编剧的妻子觉得这种方法对孩子不好,她更希望孩子安安静静地坐在书桌旁,认真地读读书。两人因此闹过矛盾,但编剧始终不改自己的原则。

这个孩子上学后,作文成绩一直名列前茅。这个编剧却改变了要求,让孩子自己阅读。当然,是坐在书桌前。但孩子没有任何反抗的情绪,因为她喜欢看故事。

最能激发孩子学习兴趣的,可能不是端坐在书桌前学习这种方法,而是玩着学的方法。如果你能让孩子在玩中产生学习欲望,那么他自然就能安静地坐在书桌前学习。

蒙老师心语

端坐在书桌前学习,是最差的一种学习方法,尤其在孩子学习兴趣很低的情况下,更是如此,只会让孩子对学习产生厌倦感。其实,孩子的学习有很多方式,就连玩,也是一种学习方式。所以,父母千万不要片面地要求孩子只关注教科书上的知识,只让孩子在书桌前受教育。

做知识的产婆，让孩子自主学习

以前的武侠大师有一种很特别的教育方法，那就是不教。老师越是不教，孩子就越是想学，在这种状况下的学习效果几乎是最好的。

很多父母会苦口婆心地告诉孩子："学习是你自己的事情，你要上点心，学会为自己负责。"孩子当然要学会自己学习，但有时候，父母却放不下孩子的学习，从而成为孩子自主学习最大的障碍。

明义的爸爸是我的一个朋友。有一次，我们参加家长论坛，很多家长都对孩子的学习一筹莫展，唯有明义的爸爸不以为然，他甚至莫名其妙地问一位妈妈："有那么严重吗？"

那位妈妈有些不悦，说："难道你的孩子很喜欢学习？"

"那倒也不是。不过，要是他喜欢的东西，他就会表现出超顽强的精神，即使没有资料可查，没有人能教他，他最终也能学得很好。"

"那他学习成绩怎么样？"

"学习成绩也还不错，没让我操过什么心。"

"那是你的孩子好，天生爱学习。"

"也不算吧，他开始并不喜欢数学。有一次，我们俩坐车出去，在车上我给他出了一道题目，一个数乘以九，我简单教了他一个手指计算法。"

"手指计算法？"

"对，就是把十个手指从左到右编号，几乘以九，就把十个手指中编号为几的手指曲回去。这样曲回去的手指作为中介，左边为十位，右边为个位。"

"哦，是这样吗？"那位妈妈听了明义爸爸的话，也摆弄起手指来，当她把二九一十八摆弄出来后，显得非常高兴。

"对，就是这样。您也很喜欢数学吗？"

"不，我数学很差的。"

"但是您看您对这个玩法很感兴趣。"

"是，因为它比较有意思。"

"孩子也是。我儿子后来就问我，一位数乘以九可以这样做，那么两位数可以吗？我说，你自己看看呀。他摆弄手指，半天也没有弄明白。就又问我，我什么也没说。"

"您不知道吗？"

"不，我知道，但我就是不告诉他。我说你自己想，然后他就不停地在那里摆弄手指，很快结果就出来了。"

"真的？"

"对啊。他就是这么喜欢上数学的。"

"哦——"那位妈妈若有所思。

当我们把孩子的学习兴趣激发出来后，我们可以不用教孩子，或者一定不要教孩子，这样孩子就会不得已动用自己的大脑，从而能领会到自我学习的乐趣。

我堂哥很喜欢摇滚乐，小语知道后，就一直缠着他，要跟他学习摇滚乐。但是我堂哥知道我不喜欢，就严词拒绝了。

小语毫不气馁，使用了不少招数，逼堂哥就范。比如，她用赞美的词语软磨，用很严厉地词汇讥讽他，用激将法激他，用偷梁换柱法拿走他最需要的东西，逼他做交换……

三十六计大约用了十八计之后，堂哥依然无动于衷，小语沮丧极了。我听堂哥说了小语的这些伎俩后，觉得甚是可乐，想着她肯定会放弃了。

果然，一段时间内，小语不再提找堂哥，跟我们也很少再激情澎湃地说她的摇滚乐了。

相安无事大约两个星期后，我发现，我们其实不过是中了小语的缓兵之计。她在网上搜集摇滚音乐，还参加了摇滚爱好者的俱乐部。

她那时候的音乐基础很差，就是学校音乐课教的那点简单知识。而且由于以前她的嗓音不好听，高音都唱不上去，她甚至连简谱都不认识。

小语就在这样的基础下开始了她的摇滚之旅，也就一个月的时间，她居然拿着一个谱子去找堂哥，说这是她谱的曲。

堂哥看了之后，大吃一惊，他马上跟我打电话，第一句话就说："以后，你千万不要拦着小语了。当然，你拦着也可以，但我告诉你，这孩子，你越是拦着她，她学得就越好。"

一些父母有这样的经验，越是不愿意让孩子学的东西，他越想学，甚至不惜一切代价偷着学，结果学得非常好。其实，只要不是不良嗜好，就应该允许，以维持孩子的学习激情。

我初中的化学老师叫詹瑞良，那时候以脾气不好出名，经常和学生"拌嘴"。当然，这个拌嘴是带引号的，因为他的教育方法就是"吵架术"。

我还记得在学物理变化和化学变化的区别时，有人问，天上下雨是物理现象还是化学现象，大多数人都回答说是物理现象，但化学老师反驳说："是化学现象。"

本来有几个也说是化学现象的同学，一听化学老师说是化学现象，马上就改变了主意，说是物理现象。因为根据经验，化学老师大多站在错误的一方。

这下可好，詹老师孤军作战，和我们打起擂来，他让我们列举物理现象，这很简单：下雨的时候有打雷，有闪电，光速比声速快，这是物理现象；彩虹，也是物理现象……

老师听了频频点头，他同意下雨的时候有很多物理现象，但仍然坚持下雨的时候也有很多化学现象。我们几乎异口同声地说："No，no，no……老师骗人。"

"我可是有根据的哦，你们想想，下雨的时候空气的味道会不会有变化？"

"好像有哎……"有的同学要倒戈。

"实际上，下雨的时候，氧气会和氮气发生化学变化。"

……

苏格拉底非常愿意做学生的产婆，他经常通过和学生进行激烈的争辩，不断激励学生思考，诱导学生去发现新的问题。如果父母也能这样做，那么孩子就不会不爱学习了。

蒙老师心语

"做知识的产婆"这个概念是苏格拉底发明的,他为它起名为"助产术",他还称它为"理智助产术"以及"精神助产术"。苏格拉底不喜欢直接将知识传授给学生,而更喜欢让学生自发思考、学习。他认为,无论是自然科学的学习,还是孩子的心理和大脑发育,都离不开激励。父母如果能更好地激励孩子,那么孩子就能学会自主学习。

给孩子一片破坏的天空

有的父母总是抱怨孩子像个破坏王,他走到哪里,哪里就要受到伤害。实际上这是一种错误的理解,孩子的任何破坏都是在探索,父母应该给孩子探索的自由。

对孩子来说,尤其是男孩子,没有破坏,就没有建立,破坏从来不是目的,它只是建立的手段。所以,父母千万不要颠倒着看孩子的破坏行为。

别看小语是女孩子,她可是我们家的破坏大王。当然,她破坏的东西,不是那些可以研究机械原理的钟表式破坏,而是可供研究服装设计的衣物破坏。

小语在六七岁的时候,就已经肆无忌惮地对我的衣柜大举进攻了。开始,我并不知道,直到有一天,我穿着一件后背挂着小熊挂件的衣服出现在办公室里。

我的同事大声喊道:"哇,李姐,你好有童心哦。"

我当时莫名其妙,然后我的同事拍了拍我后背的小熊说:"乖,你来学校后，要安静地和其他同学一起好好学习哦。"

我伸手到背后，乱抓了半天，才感觉到了这个小东西。我连忙跑到卫生间，把外套脱下来，发现小熊居然已经被缝到了衣服上，我当时那个气啊。

晚上回家的时候，我质问小语："你为什么要在妈妈的衣服后背上缝上一个小熊啊？你是想说啥吗？"

小语吃吃笑着，说："妈妈，那个小熊你喜欢吗？那可是我最喜欢的东西了。"

"我问你，为啥要偷着给我缝上？"我提高了声音。

"好看啊，你的衣服都太单调了，我给你装饰一下。"

"那你也不能让我背着小熊啊？"

"没有，我把它缝在了胸前这里。"小语说着，在胸口比划着。

"哎呀，你就别骂孩子了，孩子也是一番好意，我看小语在服装设计方面很有天分。"陶京马上说。

"是啊，小语就喜欢捣鼓针线，上次还帮你缝了个收纳包，不是挺好吗？"奶奶帮腔。

我哭笑不得，只好说："那你下次要做什么的时候，能不能先跟我商量一下？"

小语点头，又抿着嘴笑了。

如果孩子是出于好意，或者是好奇心，那么即使做错了，父母也不要一味地责备孩子，可以跟孩子商量一个不给你的生活和工作带来灾难的"破坏"方法。

我上小学的时候，一到夏天，学校就会设两个半小时的午休时间。大人们都睡了后，我们这些小孩子就会偷偷溜出来，找一个秘密基地开始玩。

二愣家的场院就是我们的一个秘密基地。这个地方离院子远，我们大声吵嚷，大人们也听不见，而且有一个窝铺，可以藏一些玩具。

那年夏天，我堂哥和几个男孩子要做一辆小汽车，就向所有来场院玩的孩子征集零件，有的孩子拿来了木头，有的孩子拿来了工具，有的孩子拿来了铁钉……

我们女孩子也不甘示弱，就把自己的画笔——那时候很少的——拿出来，准备最后为汽车上色。

实际上，没有人知道汽车怎么做，村里没有人家里有汽车，摩托车倒是不少。于是有人提议做摩托车。

但即使是摩托车，也没有人会做，什么发动机，什么油箱，什么离合器，这些对大多数孩子来说就是一个词汇，甚至有人还不知道这些词汇。

这倒不影响伙伴们的造车情绪。

造车的过程，像模像样。堂哥画了一张草图，然后就开始分工：有的人打造轱辘，有的人砍削车把，有的人负责做后车架。

我们这样折腾了一个月，却猛然发现，那两个轱辘特别沉，一个人是推不动的。而且，前后两个轱辘怎么也连不成一条直线。

祸不单行，我们正研究怎么继续做下去时，二愣的爸爸发现了我们的行动。当他看到自己窝铺里面居然有那么多工具、木头和铁器时，吓了一跳。他明白后，马上制止了我们的活动。

我们一无所成，有意思的是，二愣的爸爸为那辆未完成的汽车找了个买主，是县城里一个绘画馆的，我们几个小伙伴每人分得了一笔钱。那大概是我们第一次赚钱。

就某种意义来说，农村的孩子比城里的孩子幸福，虽然农村的资源匮乏，但是孩子们的玩具却是没有限制的，而且孩子们的合作关系也非常简单、淳朴。城里的父母，你们怎么想？

小松三四岁的时候，很喜欢在小区的花园里找蚂蚁玩。蚂蚁太小了，小松很想把它捏起来，但是经常失败，不是蚂蚁顺着指缝跑了，就是小松把蚂蚁捏死了。

奶奶告诉他：不要伤害蚂蚁。小松并不懂，见到蚂蚁，还是要碰一碰。

有一次，小松看到冬青树上停着一只蜜蜂，马上就伸手过去，准备捏捏它。奶奶见状，吓得大喊："别动它！"但已经晚了，小松的手已经被蜜蜂蜇了。

小松受到惊吓，又感觉疼痛，马上大哭起来。奶奶连忙把小松手上的蜂针拔出来，然后把他抱回去给他处理手。

陶京回家后，小松很委屈地对他说："爸爸，蜜蜂很坏，它今天杀我了。"

奶奶连忙告诉了陶京事情经过，陶京笑了，说："蜜蜂其实很可怜，它蜇完人之后就要死了。所以，它如果不是受到威胁，是不会蜇人的。"

你可能认为小松那么小，根本就不懂，其实不然。小松长大以后，一点也不怕蜜蜂，甚至经常跟别人说："你别惹蜜蜂，不然它就没命了。"

当孩子在破坏的过程中受到伤害时，父母就要及时补救，给孩子讲原理，让孩子学会自我保护，同时，也排除孩子的心理阴影。

蒙老师心语

孩子们都是破坏着长大的，这样说，有点夸张，但实际上，每个孩子，即使是最文静的女孩，在成长的过程中，也会有一些破坏性的行为。只是，破坏不是孩子的本意，他只是想要知道更深层的原理，或者发挥自我创造能力。总之，父母要保护孩子探索的欲望。

不要赋予成绩太多含义

成绩只是一个阶段性的符号,代表着孩子学习某种项目的状态。如果父母过于看重成绩,赋予成绩很重要的人生意义,那么它就会对孩子造成伤害。

成绩是学习的结果,好的结果固然可以激励孩子,但是如果把成绩作为孩子学习的唯一目标,那么孩子就不能从学习中获得乐趣了。

我小学同学张燕青是班里的最后一名,自然是老师的重点管教对象。那时候我们很少开家长会,但张燕青的爸爸却经常得到学校来,因为张燕青经常改成绩。

张燕青改成绩的本事很高,开始,他是学习老师的笔体,简单改数字,他爸那时候只是看成绩单,其他根本不管。但后来,这招不行了,张燕青又学着复印成绩单。

其实我现在想来,张燕青非常聪明,尤其是他写的作文,奇思妙想,就是很多儿童文学作家也不一定有他那样的想象力和创造力。

但张燕青的语文成绩却并不理想,因为他不喜欢写字,字迹潦草,而且拼读经常出错，笔画笔顺也是错误百出。这埋没了他的才华。

我记得张燕青的爸爸想尽了办法，让老师给他加作业，给他找学习对子，我就是他的学习对子之一，所以对他记忆深刻。

我记得有一次数学考试，我得了100分，他得了26分，成绩差到家了。我就按照老师的要求，一题一题给他讲。

我低头讲了半天，见他没啥反应，抬头一看，张燕青正用手转着铅笔，连看都不看我。大概那时候正是宣扬"男女授受不亲"的敏感年龄。

我非常生气，就问他："你为什么不听？"

他懒洋洋地说："哎呀，你就别费力了，免得人家说你另有居心，对我有意思。"我一听，真是气得五脏六腑都要炸了，就不再理他。

张燕青意识到说的话有些过分，就嬉皮笑脸地说："哎呀，你别误会，其实，我就是不想学习。"

"你多有本事，为什么这次没有改成绩啊？"我讥讽道。

"我改了，可是被我爸看出来了，现在这招不好使了，我得想新招。你要是真心想帮我，不如下次考试的时候给我抄抄吧，这样我的成绩好了，我爸就不会打我了。"

我无语。

如果只关心孩子的最终成绩，而不看孩子平时的表现，那么就容易忽略孩子对学习的兴趣和感悟能力，也就无法从根本上改变孩子学习差的问题。

我有个学生的母亲崇信佛教，经常念佛、做早课晚课。她为人也特别温和，有一种很自然的力量。

她的儿子体质特别差，经常生病，每次生病都要住院，一住院就会很长时间，落下很多功课。但我从来没有为这个孩子的学习担心过，因为他的母亲很会补课。

我说的这个补课并不是帮助孩子学习文化知识，这位母亲的文化水平并不高，几乎无法帮助儿子学习。

她补课的方式是制作一种特殊的图标，就是生病之后成绩的状况，还有未生病时成绩的状况。这个表格是最简单的柱状表格，而且，每个成绩柱都有一个好看的颜色，一目了然。

当成绩高过80分时，是鲜艳的红色；到90分以上，是漂亮的紫色；60-80分，是黄色；再下面就是绿色。

我一开始知道这位母亲有这个成绩表格后还很担心，我虽然也看重孩子的成绩，但我不希望给孩子过大的压力。因此，我劝这位母亲，不要把成绩表给孩子看。

这位母亲说："这是孩子的意思，只是颜色是我加的。我发现，每次遇到红色成绩的时候，他就显得特别兴奋，学习劲头也特足。佛法讲：佛是根据人的不同根基而说法门的。教育不也应该这样吗？"

我听完后很诧异，后来看了《色彩心理学》，才想明白：也许，这些颜色对这个孩子的心理有不同的刺激作用。

即使我们真的看重成绩，也要根据孩子的心理，用能激励孩子的方法让孩子取得高分，而不是简单地在分数上给孩子施加压力。

我的高中同学萨仁花平时的学习成绩非常好，但只要考试，就会出问题，不是睡不好觉，就是临场发挥失常。

我曾经问过她："你就不能把考试当成平常练习一样吗？"

她说："我也想啊，可是我总想考出个好成绩，可是越想考好，就越差。"

"你是从什么时候开始这样的？"

"从上一年级的时候就这样了。我第一次考试的时候，我妈头天晚上一直在絮叨：一定要好好考啊，考出个好成绩给你爸爸看看，也给妈妈争口气。"

"你妈这是给你压力啊。虽然你爸和你妈离婚了,但他毕竟是你爸,不会因为你考不好就对你不好。"

"那时候我爸很少回来看我,所以,我总以为是我学习成绩不好造成的。"

"难怪。"

如果把宝全压在孩子的成绩上面,那么孩子就会对考试产生紧张感,影响发挥。一旦成绩不好,又会出现考试恐惧症,并形成恶性循环。

蒙老师心语

有很多值得父母关心的数据或者现象,比如孩子的学习激情、学习兴趣、学习方法,为什么我们只去看结果呢?如果父母在平时不关心孩子的学习情况,只在最后关头,在成绩上做文章,那么永远治标不治本。而父母过于关注成绩,还会使孩子出现考试恐惧症。

培养孩子的"优等生"心理

你仔细研究一下优等生,就会发现,大多数孩子都认为自己是优秀的,在学习上是游刃有余的。从心理学上讲,这种心理能刺激孩子的学习欲望,并能让孩子保持好的学习状态。

我经常会遇到这样的一些孩子,他们平时学习并不十分出色,也不怎么努力,但很聪明,他们也相信自己的聪明,因此,一到最后关头,他们就会突然发力,逼着自己学习,从而取得很好的成绩。

我同学张燕青就是这样的人。进入五年级之后,不知道他是受了什么刺激,整个人变得非常安静,尤其上课的时候,简直可以用"全神贯注"来形容。

就连我的老师,也被张燕青的这种状态感动了,每次都夸他:"张燕青真是长大了,进步了,你们每个人都能像他这样,那咱们班就不会有后进生了。"

张燕青对于这样的夸赞并不以为然,他说:"马上就要见真功夫了,我要是再不努力,人们就会把我当成傻子看了。"

眼看着学习成绩是直线上升，张燕青自己也是满心喜悦，常常会说："跟你们说了我不是普通人，只是平时不发力，现在要发力了。"

有一次考试，很多学生都不会做的题目，张燕青却做出来了。老师在班上又表扬了他。他依然毫不客气地说："老师，跟您说了，我就是一个'三好学生'的料。"

老师瞪了他一眼，说："别骄傲啊。"

"不骄傲，我就是说我有自信。"他辩解道。

也许他并不是辩解，因为有一次，他找我讲题，我问他："你哪儿来的那种自信，就相信自己一定能学好？"

张燕青说："以前我是超不自信，一整就十几分、二十几分，哪儿来的自信啊？但后来我做了一个梦，说我是某个年代的文曲星下凡，那之后，我就特自信。"

"切。"我嗤之以鼻。

他很真诚地说："真的，这话我从来没有跟别人说过。我做数学题的时候，不管多难，我就想着，这道题，我肯定能做出来，我就那样盯着题目看几分钟，马上就有思路了。"

"哄人。"

"你试试。"

我真的按照他的说法做了，的确有些效果。不信，你也可以让你的孩子试试。

如果孩子屡次受到成绩的打击，屡次得到家长、老师的"差生"评价，那么孩子就会认为自己是差生。但如果他潜意识里认为自己有能力学好，那么他就真的能学好。

嘉嘉是转学生，因为他父亲的工作经常变动，他在小学就转过三次学。在第一所学校，他是第一名；在第二所学校，他是前三名；到了第

三所学校，他就成了上等生。

虽然上等生也不错，但对嘉嘉的影响挺大的，他越来越不自信。他的妈妈经常说："人外有人，天外有天，这也不能怪你。"这使得嘉嘉更加觉得自己渺小了。

由于嘉嘉的语文老师是学校的大队委，工作任务重，她经常会找一些学习好的同学批改作业。

有一次，嘉嘉放学回家后很兴奋地对妈妈说："妈妈，今天是我给同学们批改作业。"

嘉嘉妈妈一听，说："你学习那么好吗？"

"也没有啦。很多人都评改过。"嘉嘉说完念了几个名字。

嘉嘉的妈妈一听，说："哦，连他也评改过，那你这也不是什么值得骄傲的事情哦。"

嘉嘉听后，马上就不再说话了。

一旦孩子成绩下滑，心理这关非常重要。如果父母能够不断鼓励孩子，相信孩子永远是优等生，那么孩子就会保持优等生心理，否则，他就无法保持良好的学习状态。

按理说，郭美也是优等生，而且她的优等生心理非常明显，再难的问题，她都不相信自己无法破解。

但遗憾的是，郭美的心理有一些偏激。她总认为自己的这种能力必须依靠某种权力体现出来。

在竞选班长失败后，郭美的成绩经历了一段超发挥时期。那段时间，她简直就像个小神童，无论是课上提问，还是课下作业，抑或是考试，她都表现得特别好。

我当然也没少表扬她，但她发现我没有改选班长的意思后，就变得非常沮丧，学习也出现了偷懒的现象。有一次考试，甚至一下子降了二三十名。

　　这让我非常诧异，于是找她来谈话，我发现她对于自己的这个成绩也非常惊恐。我害怕她患上恐惧症，就没敢给她过大的压力。但之后一段时间，她还是表现得非常糟糕。

　　后来，我知道了郭美的症结所在，就对症下药，让她担任了副班长，还跟她做了很长时间的思想工作，她才重新恢复了自信。

　　当孩子把优等生作为一种交换物，或者当成一种负担时，那么他的学习就会处于一种波动的状态。如果你的孩子出现这种情况，一定要及时纠正他的这种心理。

蒙老师心语

　　这里所说的"优等生"心理，其实应该是一种自信的心理，相信自己能做到最好，愿意做到最好。但这种心理不要和荣誉、攀比，甚至权力等外物掺杂在一起，否则，就会影响孩子对学习的态度，还可能会成为孩子的心理压力，限制孩子学习潜能的发挥。

第十章　关注孩子的群体生活

　　孩子的社会情感培养极其重要，这就意味着母亲的第一项任务应该是：赢得孩子的兴趣、感情与合作。如果母亲的这项任务失败了，那么孩子就不会对社会产生兴趣，他会认为社会是冷酷的，而且无法改变。这会使他变得敏感，不信任他人，同时也不自信。为了避免这一点，母亲在关怀孩子的同时，还要关注孩子的群体生活，让孩子学会积极处理自己与周围环境的关系。

维护良好的亲子关系极其重要

一个被父母忽视的孩子,他在人群中会表现得极为不合作,对于帮助他人的事情没有兴趣,遇到事情,也不会想到通过求助他人来圆满解决。

父母和孩子的关系,其实就是孩子对社会关系的第一次定义。因为孩子无法了解社会其他人群之间的关系,他唯一能体会到的就是父母和自己之间的关系,他会把这种关系定义扩展到社会范围内。

晶晶是一个备受宠爱的孩子,上幼儿园前,任何一个时刻,围在她身边的人都不少于六位。

晶晶的姥爷和爷爷都是事业成功的人,退休后,他们闲不住,就把教育孙女当成了第一要事。晶晶看到他们对其他人总是一种颐指气使的架势,而对自己,却言听计从。

晶晶的妈妈从美国留学回来,爸爸从英国留学回来,两人的事业都相当出色,走到哪里都被人高看一眼。这一点,晶晶也感觉到了。

尽管晶晶的妈妈和爸爸对她要求十分严格,甚至还斥责过老一辈人溺爱的教育方式，但晶晶还是很早就被惯坏了。

一次，六个人（标准六人组）带晶晶去游乐园玩。游乐园有很多人，每到一个游乐项目，都要排队等候，这让晶晶玩得非常不舒服。

看着晶晶的小眉毛渐渐跳起来了，妈妈不停地告诫她："要有耐心，当你能够学会等待，你会发现结果将更美好。"

这样的大道理对晶晶一点用都没有。到"火车隧道"那个项目时，晶晶终于爆发了，她顺着队伍往前跑，一边跑一边打那些排队人的屁股，还骂道："都给本公主滚开。"

这可犯了众怒，人们不好说孩子，就对大人说："怎么教育的孩子？这地方难道是你们家开的吗？"

晶晶的爷爷奶奶、姥姥姥爷很不爱听这话，四个人马上组成一个强有力的吵架小组，和那些质问他们的人吵了起来。

晶晶的妈妈和爸爸不停地劝架，还训斥晶晶，但晶晶哪里肯听，她不停地说："我有什么错？"

看到长辈很受人尊敬，同时自己又备受宠爱的孩子，会认为这世界是以自己为中心的，自己就是法律。这些孩子做什么事情都不会去考虑别人，因为他们的心里只有自己的感受。

我们村有一家人是外来户，刚搬来不久父亲就生病死了，剩下六个姐妹和母亲相依为命。大姐很早就和母亲一起挑起了生活的重担。老二和老三都很努力，老五老六也都很听话，唯独老四，经常惹祸。

别看老四是女孩，但她可是上树、爬墙什么事都敢干，她还组织伙伴们到村里的果园去偷还没熟的果子。

虽然是老四组织的，但是孩子们的心一点也不齐，一进门，大家就四散开，各自找自己喜欢的果子去了。

老四看果子看得入了神，看门人走到跟前都没有注意到，还在喊：

"人参果，你给俺老孙下来吧！"结果被看门人抓了个正着。

看门人看她是女孩子，就问有没有同伙，她马上把其他几个孩子的名字都供了出来，还给看门人指点谁在哪里。在老四的帮助下，看门人很快就找到了其他几个孩子。

看门人很厚道，并没有惩罚他们，只教训了他们一顿，就让他们走了。

出来后，老四马上说："我告诉你们，我想到一个很好的对付那个老家伙的办法。你们跟我来。"

说着老四就朝着果园的东北方向走去，可是她走了几步，却发现没有人跟着她。她回头一看，几个伙伴都站在原地，鄙夷地看着她。

"干什么？"

"叛徒，没想到你是叛徒。"有个孩子说。

"那不叫叛徒，那叫好汉不吃眼前亏。"

"哼，你当我们会信吗？"

几个人说着，就都走了。老四恨恨地拿起一块土块，朝他们掷去，骂道："孬种，这世界就没有好人。"

为什么那么多孩子，偏偏老四是这种性格呢？因为老四是中间的孩子，父母和姐姐们关心的都是更小的孩子，而她不大不小，备受忽视。受忽视的孩子，容易感情淡漠，不信任人。

潘龙进入青春期后，不再和继母作对了，他把矛头完全指向了爸爸。潘龙的叛逆，是我见过的所有的孩子里面最极端的一个。只要是爸爸喜欢的，他就一定会讨厌。

潘龙的爸爸很想让潘龙继承家业，对他寄予了厚望，给他请了好几个家庭教师。这却成了潘龙和爸爸作对的一个好办法。

每个家庭教师来，潘龙在第一天都会表现得非常好，然后在第二天马上就翻脸，诬陷那些老师偷他的东西、侵犯他的人权等。

很多老师被潘龙的爸爸整得掉了几层皮，此时，潘龙却反过来对那些老师说："你们就不应该来潘家，你难道不知道老潘就不是什么好人吗？"

这样的事情闹多了，潘龙的爸爸终于知道了真相，他发现自己居然一直被儿子欺骗，就气急败坏，狠狠揍了潘龙一顿。

于是，潘龙有了离家出走的理由。不久，学校附近发生了好几起暴力事件，据说都与潘龙有关。

父母离婚后，孩子要么觉得是自己的错，终身自责；要么觉得父母都不爱自己，他会仇恨父母，用尽所有的能力去反抗父母，而且还会把这种敌对心理蔓延至与其他人的交往中。

蒙老师心语

为什么教育心理学常说，一定要爱孩子，多陪孩子，给孩子心理成长真正需要的东西？就是因为父母和孩子之间的关系会影响到孩子对社会情感的解读。如果父母不陪孩子，那么受忽视的孩子就会变得不自信，不愿意与人建立信任关系。如果父母溺爱孩子，那么孩子就会把自己当成法律。如果父母和孩子之间经常闹矛盾，那么孩子可能就会把这种仇恨心理蔓延到社会中。因此，维护良好的亲子关系对教育极其重要。

寻找不合群孩子的心理症结

孩子不合群，可能是因为性格内向，也可能是受成长环境影响。但不管怎样，父母一定要根治孩子的不合群问题，因为在人群中长大有助于孩子建立正确的社交感情。

成年人大多认为，人脉对事业极为重要，因此广建人脉。其实对孩子来说，人脉也极其重要，一个不喜欢和人交往的人，是很难形成正确健康的社会心理的。

我现在已经想不起她的名字了，只记得她在毕业照上一条腿跪在地上，正好挡在另一个孩子的前面。看起来，就像那个孩子拖着她的腿一样。

关于这个人的记忆，只有角落。在人群里，她总是闷声不响的，如果有人问她有什么想法，她会忽然之间，脸变得通红，连连摆手，说："我不懂，我不知道。"

时间久了，同学们也就学会了忽略她。

有一次，我们在上课时间就做完了笔顺练习，老师一高兴，就让我们去玩秋千。大家排着队，依次坐到秋千架上。

可是轮到她的时候，她刚要坐到秋千架上，就被她后面的一个孩子给推开了，那个孩子说："轮到我了。"

她居然笑着说："是吗？好的，好的。"然后就走开了。

说实话，这件事我已经不记得了，只是在小学毕业的时候，她给每个人都写了一张明信片，那时候流行这个。明信片上，就写了这件事情。她说："我恨你们所有的人。"

这张明信片让我们所有人都感到非常震惊和惶恐，害怕自己就是那个伤害她的人，也害怕来自她的报复。

但之后，我很少听到关于她的消息，就渐渐淡忘了这个人。直到大学毕业后，村里发生了一件特大新闻，新闻的主角是她，我才又想起她。

新闻是这样的：她把自己的丈夫杀了，然后自杀了。

村里所有的人都不相信这是事实，人们说："那么老实的一个孩子，这是怎么了？"

村里一个老人说："这个孩子积淀在心里的仇恨太多了。"

如果孩子过于自卑，不能和人正常交往，那么他就无法体会到与人交往的快乐，他会担心和别人建立关系，会不断躲避。这会让人们忽略他，而他又极为敏感，不喜欢被忽略。

萨仁花上高中的时候，特别崇拜一个叫薛影的女孩。这是一个独行侠女，在校园里，总是行色匆匆，当然，也形单影只。

薛影没有朋友，在她的班级里也很少和人讲话。最有特色的地方，是老师上课提问的时候，她会举起一个答题板，把答案写在上面。

她可不是哑巴，因为除了这件事情之外，薛影还做过一件震惊全校的事。那就是有邻校学生来本校闹事，薛影一个人站在那么多男生面前，滔滔不绝，一通训斥，居然把那些人说得颜面扫地，灰溜溜地逃走了。

就这一点来说，薛影受到的可不是萨仁花一个人的尊崇，那时候，还没有"粉丝"一说，否则"靴子"肯定不逊色于当今的"玉米"。

我也喜欢薛影，但我不崇拜她，我甚至有些可怜她。因为我知道，薛影之所以不和人交往，是有心理阴影。

那一天，我坐车出去买东西，到某站后，正好薛影上车来，她一上车就站在了门口，没有看见我。

我喊她，但车上人声嘈杂，她没有听见。我就走过去。走到她身边时，我拍了她肩膀一下，她吓了一跳，"啊"的一声尖叫起来，同时还伴随着战栗，然后惊恐地回头看着我。

我看着她那紧张得有些变形的眼睛，也吓了一跳，连忙说："我是小李呀。你怎么吓成这样？"

让我更惊讶的是，她居然好半天都没有认出我来，就那样惊恐地瞪着我。我拍着她的背安抚她，说："别害怕。"

好不容易，薛影才反应过来了，但是她恨恨地看了我一眼，转身就朝一边走去，弄得我既尴尬又莫名其妙。

后来，我找薛影家附近的人打听了一下，才知道她很小的时候差点被人抱走。

当孩子因为受惊吓而无法走近人群时，父母应该帮助孩子重新与人建立信任关系，而不是任由孩子继续保持这种恐惧心理，长久下去，他会逐渐失去与人交往的自信，变得自闭起来。

陈彧因为是转学生，在刚来本校的时候，很不合群。她的妈妈在接她放学的时候，看到别的同学都三三两两、有说有笑，唯独她一个人孤孤单单地走着，很是心疼。

为了让陈彧和学生们打成一片，陈彧的妈妈没少下苦功，办party（聚会），让班级里的孩子们到她家里玩，还跟我打招呼，让我帮助陈彧，缓和一下她和别的孩子的关系。

第一次，由于陈彧在班里不怎么说话，她的 party 没有一个人参加。她的妈妈一想这样不行，马上又生一计，请班组长帮忙，发请帖。

孩子们毕竟喜欢热闹，第二次 party 有很多孩子参加。陈彧的妈妈准备了很多美食，也准备了一些玩具。

由于陈彧是 party 的主角，每个孩子都免不了和陈彧接触，有的问她喜欢什么书，有的问她房间的颜色为什么是紫色的。

渐渐的，陈彧就不再自卑了，很快融入到班集体中。

孩子换一个环境后，会由于陌生而产生自卑感，这时候家长如果能让他变被动为主动，那么就能帮助他消除自卑，顺利和人交往。

蒙老师心语

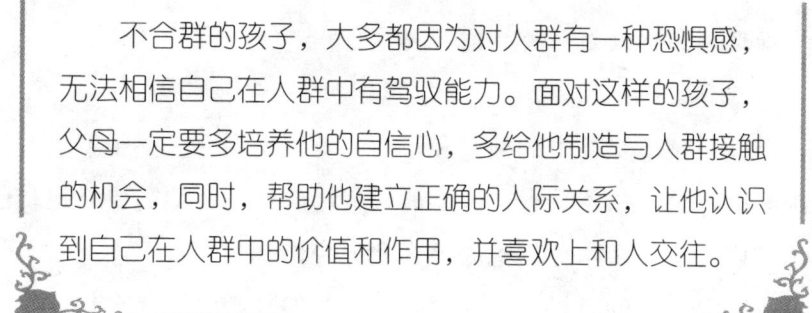

不合群的孩子，大多都因为对人群有一种恐惧感，无法相信自己在人群中有驾驭能力。面对这样的孩子，父母一定要多培养他的自信心，多给他制造与人群接触的机会，同时，帮助他建立正确的人际关系，让他认识到自己在人群中的价值和作用，并喜欢上和人交往。

让孩子自行解决交往中的问题

孩子刚开始和其他孩子交往时，难免会受原来的以自我为中心的思想左右，会和其他孩子产生冲突和矛盾。父母这时最好不要插手，孩子们会自动调整和他人之间关系的距离和方式。

父母插手孩子交往中的冲突和矛盾，就等于剥夺了孩子解决矛盾的能力提高的机会。孩子总有一天要离开父母的怀抱，他需要知道自己在人群中到底扮演什么角色，到底怎么和人合作。

小语刚上小学的时候，每次回家，我都发现她的脸上有伤，我问她怎么了，她会忽然恍然大悟地想起来什么，然后哭着对我说："青青是个坏孩子，经常打人。"

几天后，我又听到另一位家长说，她的孩子也经常受一个叫青青的孩子的欺负。既然这不是一个偶然现象，家委会的人就决定把这件事反映给老师。

孩子受伤的家长们纷纷商议，怎么教孩子一些保护措施。商量来商量去，无非就是一条：离青青远点。

这话我当然传达给了小语。谁知小语听了后很生气地说："妈妈，你怎么那么没有同情心？"

"我怎么没有同情心了？"我莫名其妙。

"你难道不知道青青的妈妈去世了？她难过，才打架的。现在我们都知道了，我们都愿意和她玩，她现在也愿意和我们玩了，你看我的身上也没有伤啊。"

青青的妈妈去世了？这我哪里知道啊！难怪，那么小的一个女孩子，会有那么强的攻击性。不过既然小语已经选择了原谅，那我还有什么可说的呢？

成人以为自己对孩子无所不知，但实际上孩子们之间的交往到底是一种什么样的关系，我们一无所知。如果我们冒昧地加入孩子的关系中，很可能会破坏孩子的感情和交往能力。

还说我那个聪明的堂弟会，他上一年级的时候，遇到的是我的第一任老师杨老师。杨老师性格温和，但很耿直，她告诫我堂叔："千万不要再给孩子灌输攻击性思想了。"

我堂叔有些不愉快，但是杨老师是学校里最好的老师，他也就没有说什么，只是客气地说："希望杨老师能帮忙照顾一下孩子。"

杨老师摇摇头，叹了口气，就走了。

会上学的时候，依然握着石头，见谁不顺眼，就给谁来一下。杨老师不止一次地批评他，但都经不住我堂叔在家里对他的思想灌输，他依然如故。

杨老师为了这件事很是愁闷。他教过的几个高年级学生很快就从学校里知道了这件事，他们商量着要给会一个严厉的教训。

为了让事情做得严密一些，这些学生想出了隐藏身份的办法。

那天晚上放学的时候，天已经黑了。那时候学校规定，即使是回家，也要站队。会依然握着石头走在队伍的一侧。他走走停停，一会儿教训一下这个，一会儿教训一下那个。

就在这时，忽然有几个蒙着头巾的人跑过来，一下子把会抱起来，抓走了。好几个班级队伍的学生都看到了这件事，但没有人出来制止。

会被抬到一个角落里，被狠狠地揍了一顿。临走，那群人还给会留了一张纸条，上面写着："别迷信你老爸的能力，你再欺负人，还会有人收拾你。"

字迹很凌乱，像是故意乱写的。

会哪里受过这个委屈，他回家后就把这事告诉了爸爸和爷爷。会的爸爸气愤难当，他饭都没吃就跑出去查看，但是哪里还有人。

第二天，会的爸爸召开全校大会，查办此事。但折腾了一个月，还是没有结果。

这之后，会的手里再也不敢拿石头了。

一旦孩子认识到父母不能保护自己一生，他就会学会两点：第一，能妥协；第二，保护自己。这两点对他都很有帮助。

有一次放学回家，我看到一个男孩子坐在地上，嘴里死死咬着一个男人的衣服。那个男人看到人群围上来了，就赶紧说："哎呀，你别闹了，我不就是不想让你们吵架吗？我又没怎样你，你这是干吗？"

有一个老太太很不满地在旁边喊道："你那么大人了，怎么还和孩子打架？你都不觉得丢人吗？"

"大妈，您误会我了，我没有和孩子打架，是这个家伙他拿着石头打我儿子。我就警告他一下，不要打人嘛。你看这孩子这脾气，哎呀，真是让人害怕啊。"

"什么呀，我明明看见你打了这个孩子一下，虽然不重吧，可是你是大人，这下落在孩子身上肯定受不了。"老太太依然不依不饶。

"大妈，您讲讲理好不好？我儿子是被害者，您看看他身上脸上的伤。"那个男人委屈极了。

顺着他的手指，果然看到他的背后还有一个孩子，那个孩子衣服都破了，嘴唇还在流血。

"你小子怎么打人呢？"老太太对那个咬着男人衣服的孩子说。

"哼，是因为他抢我的东西，我才打他的。他就该打，现在他爸爸也打我，他们一家人没有好人，他将来也不会是好人。"那个孩子松开男人的衣服，愤愤地喊道。

在众人的劝解下，男人跟那个男孩道了歉。但看得出来，两方都很不服气，尤其是男孩。

当大人参与孩子的矛盾时，很容易使问题升级，不但会让两个孩子的仇恨加深，还会让你的孩子形成依赖心理，对他没有任何好处。

蒙老师心语

对于孩子之间的矛盾，不到万不得已，父母尽量少插手。因为大多数属于孩子之间的矛盾，都只是一种力量的抗衡，一种品德的较量，一种距离的平衡，很少有你死我活的斗争。如果父母强行参与孩子的矛盾，那么就会让孩子失去解决问题的能力，让孩子无法掌控良好的人际关系距离，也不能认真处理和人交往的问题。

宽容有利于孩子的心理成长

一对喜欢斤斤计较的父母，他们的孩子在人际交往中，一定也会事事算计，没有奉献精神，和人合作的时候，占便宜心理也会非常严重。这其实对孩子的成长极为不利。

哲人常告诫世人，吃亏是福。但就现在的社会状况来说，能吃亏的恐怕都是懦弱至极的人，但凡有一点勇气的人，都会在人际交往中表现得非常彪悍。如果你能放开一点，总览人生，你就会发现，其实宽容并不会让你多吃一点亏。

我记得有一次带着小语和小松去看一部电影，买票的没有几个人，有一个十岁左右的孩子站在票台口，一遍遍跟售票员说要买某个片子的票。

这个孩子有严重的外地口音，售票员听了半天也没有听懂，就问道："你家大人呢？"

孩子回答说："我一个人。"

这话非常清楚，而且是标准的普通话，一点也不像他刚才说话的样子。

售票员就说："你会说普通话啊！那你用普通话说你要看什么片子。"

孩子又用外地口音说了一遍那个片子，结果售票员又是一头雾水。

站在孩子身后的是一个中年男人，他身旁站着个小女孩，已经表现得相当不耐烦了。这个中年男人就说："哎呀，这肯定是捣乱的。去去去，小孩，没事别在这捣乱。"

中年男人旁边的小女孩也喊道："一边去吧，没看见后面有好多人在排队吗？"

那个男孩回头看了看中年男人和小女孩，他的脸不知道是因为着急，还是被抢白的，红红的，眼角还似乎有泪水。

小松忽然喊道："我听懂了，他好像说的是《功夫熊猫》。是不是？你说的是不是？"

那个男孩面露喜色，频频点头："嗯嗯嗯……"

售票员长出了一口气，连忙给他选择座位。出票后，售票员告诉他要五十元钱。那个男孩一听，又说了一句话，售票员还是没有听懂。

那个男孩就把包整个翻过来，递给售票员三十元零钱，售票员连忙摇头。

这时候他身后的那个小女孩大声讥讽道："买不起票就别看嘛。我最看不起这样的穷人了，没有志气。"

那个男孩愤怒地瞪着那小女孩，但中年男人把他推到了一边，他去买票了。小松看不惯，他伸手到我包里掏出二十元钱，递给那个小男孩，说："我最瞧不起自以为是的'富人'了。"

如果成人没有宽容心，那么孩子就会很自私，不会有同情心，甚至会用贫富贵贱来区别待人。这样的孩子将来在人群中很难受欢迎。

我和一位同事在餐厅里吃饭，忽然就听旁边桌子上的小男孩对服务

员骂道："去你妈的，你速度怎么这么慢？"

男孩的身边似乎是他父亲和母亲，两人连忙向服务员道歉，父亲还打了那个孩子一巴掌，母亲不停地训斥那个孩子。服务员虽然面有愠色，但也只能忍气吞声。

服务员走后，那位父亲问道："谁教你的脏话，啊？你可真丢人！今天可算让我见识了你的恶劣。"

男孩子低着头坐在那里，一边抹眼泪一边嘟囔着反驳："我跟你们俩学的呗。我恶劣，那你们更恶劣。"

"我们俩？"父亲怒不可遏，"你做错了，还要往我们俩身上推？"

"就是你们。你们俩天天吵架，你骂她蠢货，她骂你缺德。你们骂完之后就会说'去你妈的'，我还用跟别人学吗？"

"别说孩子，要不是你平时脾气那么暴，孩子能学会这些脏话吗？你忘了吗？我给你端饭晚了一点，你都会大骂我一顿，现在还要怪孩子。"母亲抱怨道。

"去你妈的，你少在一边插嘴。我在这教育孩子，你就在旁边拱火是不是？"父亲声音提高了八度。

"听听，是你说的不？"男孩眼睛一亮，指着爸爸笑着说。

"去你妈的，你给我闭嘴。"父亲怒火更旺。

"你别不嫌丢人了。小声点吧，在家里吵，出来还要吵吗？"母亲愤愤地说着。

……

同事听着摇摇头说："这孩子，在这样的环境里成长，性格能好吗？"

父母平时的关系不好，或者有一方脾气暴躁，经常骂人，那么孩子的性格也难以宽容，他会很早就学会打架、骂人，还会变得怨天尤人。

下班了，同事和我约好去商场买东西，我在门口等了十几分钟，也没见她出来，只好给她打电话。她接电话了，很小声地说："你走吧，哎，我这来了个家长，有点麻烦。"

我这个同事性格非常温和，孩子们都很喜欢她。所以，我实在想象不出来，什么样的家长会来找麻烦。于是就上楼去找她。

我刚走到楼角，就听到办公室里传来一个男人中气十足的声音："像你们这样素质差的老师，一点师德都没有，每天想的就是赚点钱养家。连孩子都教不好，又怎么能养好家呢？"

这话听着很让人生气，我听到同事颤抖着声音说："您的孩子刚才已经跟您说了，他在楼下玩的时候，把衣服丢了，他都已经上四年级了，老师不能时时刻刻跟着他。"

"你这什么态度？我告诉你，我和我爱人都是博士生，我们从小就给孩子最好的教育，他这么大了，难道还不知道照管自己的衣服吗？一定是你们班级里有孩子捣乱。"

"您别妄下断言好不好？孩子刚才不是跟您说了吗？"

"别打岔！你现在就得去找你们班的孩子，把那几个典型的调皮捣蛋的孩子都找来，你不会管孩子，我来替你管管。"

"这位家长您听好，您的孩子刚才已经告诉您了，衣服是他大课间在楼下玩的时候丢的。我刚才已经下楼帮您找了，还在通知栏写了《寻物启事》。希望您别把小事弄大。"

"连个衣服都找不回来，你们老师就这素质吗？"

我越听越生气，刚要进去和那位家长理论，就听我旁边有人说："别听了，赶紧把这衣服送进去。"

我回头一看，见是体育老师，他正拿着衣服，皱着眉头站在那。我愣愣地看着他，他笑了，说："哎呀，我怕这个家长。你知道吧，上次这个孩子仰卧起坐没有及格，他就找到我办公室和我大吵一场，说我不负责任。哎呀，我从来没见过脾气这么差的家长。"

我明白了，拿了衣服，送进了办公室。那个家长见状，又把矛头对准我,和我理论了半天。

不管孩子发生什么事情,如果一味偏袒孩子,找其他人的毛病,那么孩子就很容易学会推卸责任,永远都学不会承担。

蒙老师心语

宽容是一种大智慧,它不但对我们的人生大有裨益,对孩子更是一种营养丰富的精神养料。如果父母做人不能宽容一点,那么孩子就会养成自私、狭隘、推卸责任等不良品性,而且,遇事不是去积极解决问题,反而是狡辩、抵赖。这对孩子的心理成长极为不利,将使他永远也长不大。

帮助孩子自然地与异性交往

现在的孩子很小就会对异性产生一种特别的情愫，或恐惧，或好奇。如果父母不能帮助孩子自然地与异性交往，那么孩子就会产生性心理偏差，影响孩子的人际交往和社会适应性。

由于现在的环境比较开放，孩子们很早就从媒体、从家长开放的言行里感觉到异性之间的差别，所以，很早就出现了性心理调适。

陶京有一位朋友，虽然年纪很大了，但心理年龄似乎还停留在青春期，动不动就对妻子发火，做事也极不成熟。当然，这不是重点，重点是他对教育孩子非常没有感觉。

那天我们两家的孩子在一起玩。他的女儿和小语差不多大，都是十岁左右，还没有到青春期。

我们不知道聊到了什么话题，他忽然对在一旁和小语拼图的女儿说："闺女，你男朋友多大了？"

我们都吓了一跳，他的妻子连忙制止他，可是他无所顾忌地说："哎呀，有什么呀，我跟你们说，这些孩子在很小就知道这些事了。"

他的女儿回过头惊讶地看着他,问道:"什么男朋友?"

小语也傻乎乎地说:"我知道,就是男的朋友。"

陶京的这个朋友一听哈哈大笑,说:"听到了吗,这些孩子都懂。闺女啊,我跟你说,你可以有男朋友,但是别早恋啊。"

"你说什么呢?这人真是有问题,这孩子才多大,你就这么跟她说话。"他的妻子气愤地责怪道。

我也说:"孩子太小,不要太早跟她说这些事情。"

"哎,你们不是做教育的吗?怎么也这么落后啊?不是有教育专家常说,小孩子应该早点接受性教育吗?"陶京的朋友说。

"什么是性教育?"小语问道。

"就是性别教育,你们俩是女孩,小松是男孩。好了,你们也知道这个事了,大人在这里说话吵着你们,你们拼不好,去屋里面玩吧。"我解释完后让两个孩子进了屋里。

"哥们儿,你怎么这么鲁莽呢?性教育的确要趁早,可也不能像你这样啊,你这样,不是告诉孩子,让她早恋吗?"陶京很不满地对朋友说。

"就是,你要是再说这些话,孩子肯定就会对男孩产生好奇心,这不影响她才怪。"他的妻子附和道。

"其实,你可以告诉孩子男孩和女孩的不同,但不能动不动就跟孩子开玩笑,说她的男朋友怎样,这只能让她更早产生性心理差别。"我也说道。

陶京的朋友有些不好意思了。

不要过早在孩子面前问他(她)的女友(男友)的情况,问他对异性的看法,这种强行关注,会让孩子很早就对异性产生好奇心,不利于孩子的心理成长。

任侠是一个很漂亮的女孩,但她三十岁了还没有交到男朋友。其实

她身边的男孩子很多，她也知道他们喜欢她，但她有极强的不安全感，她认为他们喜欢的不过是她的脸。

任侠的异性朋友期限从来没有超过一个月，在她身边的男孩子就像走马灯一样，她戏耍他们、玩弄他们，有时候还会挑战他们男性的尊严。

这还不是最严重的，任侠一直想变成一个男孩子，她给自己取了个男性名字，叫"巴特"，即英雄的意思。

但实际上她身材娇小，就连一袋十斤的米，她提着都很费劲。当然，她从来没有想过自己去提米，反正有的是免费"长工"。

任侠就是这样的矛盾着，也蹉跎着岁月。她内心里极度渴望自己成为一个备受关爱的小女孩，但又会自相矛盾地渴望自己成为男性。

甚至有一次，任侠出现了心理幻觉，她做了个梦，梦中有人告诉她：一星期后她就会变成男性。她兴奋极了，用了一星期的时间，写了满满一本女性日记，其中记录了女性生活的艰辛。

可是一星期过去了，任侠并没有成为男孩子，她还是一个标准的女性。任侠失望至极，把那本女性日记烧了。

任侠的妈妈觉得这个孩子有问题，就去找心理医生。在和心理医生聊天的时候，任侠向他描述了她经常做的一个梦。她说，她做梦变成了蝴蝶，但是这个蝴蝶的翅膀被绑住了。

心理医生通过跟踪治疗，发现任侠的爸爸有严重的重男轻女现象，总是抱怨妻子："你怎么这么不争气，不给我生个男孩子？"

尽管如此，任侠的爸爸还是十分喜欢她，爱她如掌上明珠，只是越爱得深，就越发感叹："唉，你怎么不是个男孩子呢？"

就是受了父亲的这种思想的影响，任侠出现了"男性化抗议"，她一边排斥父亲对女孩的轻视，一边又跟随父亲的思想，而想要成为一名男性。

如果孩子从小得不到父母对于他性别的承认，或者父母从小就用异性的生活方式来要求他，那么孩子长大后就无法认同自己的性别，也无法与异性进行正常交往。

有一个十岁左右的小男孩，在学校经常殴打女孩。母亲和父亲都很疼爱他，但是不理解他的这种行为，在教育无果后，就把他送进了一家心理治疗中心。

在这家心理治疗中心，小男孩描述了他的一个梦，他说自己是一个江湖侠客，遭到别人的毒手，他狠狠地踢了那人的肚子。

心理医生分析说，侠客代表着英雄，他显然把自己的处境想象成了被人迫害的英雄，他必须通过攻击来找到安全感。

心理医生了解了一下男孩的家庭情况，发现男孩有一个四岁左右的妹妹。但男孩母亲说，男孩很爱他妹妹。

心理医生当然不信，他又了解到，男孩一个人睡在一间暗房里，而他的妹妹则睡在父母房间里的小床上。男孩的妈妈从来不教训他，她把任务交给了爸爸。

很显然，男孩很喜欢妈妈，依赖妈妈，但是由于妹妹的出生，使得他的这种依赖感和安全感被剥夺了。于是，他就通过攻击女孩的方式来寻找平衡。

很多时候，父母恩爱，对孩子也好，但孩子还是会产生心理问题。为了根治这样的心理问题，必须从小就让孩子学会和人合作：和父亲合作，和母亲合作，和家里的兄弟姐妹合作。

蒙老师心语

孩子出生的时候，是以平常心看待每一个人的。如果他不能自然地与异性交往，那么说明他在成长的过程中，遇到了性别带给他的歧视、压迫，使他无法正视自己的性别，或者无法理解异性的性别。为了避免这种状况发生，父母必须尽早让孩子学会合作，尤其是与异性合作。